老子的智慧

杜志军 著

山西出版传媒集团

北岳文艺出版社
BEIYUE LITERATURE & ART PUBLISHING HOUSE
·太原

图书在版编目（CIP）数据

老子的智慧 / 杜志军著 . — 太原：北岳文艺出版
社，2024.3
ISBN 978-7-5378-6844-0

Ⅰ．①老⋯ Ⅱ．①杜⋯ Ⅲ．①老子－哲学思想－研究
Ⅳ．① B223.15

中国国家版本馆 CIP 数据核字（2024）第 068121 号

老子的智慧

杜志军　著

//

出品人 郭文礼	出版发行：山西出版传媒集团・北岳文艺出版社 地址：山西省太原市并州南路 57 号　邮编：030012
选题策划 谢放	电话：0351-5628696（发行部）　0351-5628688（总编室） 传真：0351-5628680
责任编辑 谢放	印刷装订：山西万佳印业有限公司
装帧设计 脱琳琳	开本：787mm×1092mm　1/32 字数：155 千　印张：7
插画绘制 刘凯焰	版次：2024 年 3 月第 1 版 印次：2024 年 3 月山西第 1 次印刷
印装监制 郭勇	书号：ISBN 978-7-5378-6844-0 定价：88.00 元

目录

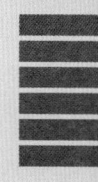

第一章 探索与分享

第一章讲述了自然与人类之间的关系。就哲学而言，自然与人类的关系就是整体与个体的关系。深刻理解这层关系，对于我们探索研究老子的自然之道，还原老子的哲学思想原意，大有裨益。

2020年年初，我有幸与一位修道的朋友在茶室相聚，当他说到"道家思想的核心就是自然之道，而自然之道就是世间万事万物的运动变化法则"时，我的眼前为之一亮。在整个聊天过程中，我认真聆听他说的每一句话，"天地万物的运行皆源于自然""风云变幻，花开花落，都是天地自然催生万物变化的结果""人类应该道法自然，自然而然"。我深深地感受到，他所说的这些道家思想理念与我多年探索研究的人生价值观何其相似！

自那以后，那位朋友的话语在我脑海中不时浮现，我隐隐约约听到来自宇宙自然的声音，隐隐约约听到来自自然的风雨声，并感受到有强烈的使命感在召唤着我、催促着我去深入探索研究道家的自然之道，这种感受日益强烈。于是，在这样的背景下，我对道家自然之道的探索研究之路正式开启。

说起自然之道，不得不让人想起古代圣人——老子，他是历史上自然之道学说的最早提出者。以宇宙自然为轴心，深入探索老子的自然之道，深入探索"道"的自然属性，深入探索"道"的变化运行规律，把"道"的自然属性与我之前所认知的万物本性加以对照比较，拓宽视野，并举一反三，这，无疑是一次不错的探索之旅。

要深入研究老子的自然之道，势必绕不开老子所撰写的五千言《道德经》。事实上，道家自然之道学说的所有精华，都记录在《道德经》这本经书里。

《道德经》是二千五百年前中国圣人老子所撰写的哲学经

典。刚开始流传的时候，大家因为找不到更加合适的名字，先是以《老子》来尊称这本经书。《老子》一书共分为两个部分，第一部分以"道"为重心，称为"道篇"，共有37章；第二部分以"德"为重心，称为"德篇"，共有44章，全书由"道篇"和"德篇"所组成。因为"道"与"德"是经书的核心内容，据说在唐朝的时候，大家将《老子》改称为《道德经》，《道德经》的名字也就一直沿用到现在。

《道德经》被后人尊称为"万经之王"，如果认真阅读，细心体会，我们会发现，《道德经》里所说的自然之道，堪称是道家最本源的思想纲要，是道家思想最本源的"道"。自然之道的精粹在这部经典里体现得淋漓尽致。

《道德经》的阅读难度非比寻常，研究过老子《道德经》的学者，都会遇到不少研究障碍。对于读者来说，清楚知道道家研究者的研究障碍和瓶颈，对理解老子的自然之道思想，有一定的好处。

第一个摆在研究者面前的障碍无疑就是《道德经》的版本问题。

《道德经》在流传过程中，形成了很多版本。据史料推测，老子大概生于公元前571年，从时间推算，老子撰写《道德经》距今已有两千五百多年。史学家推测，由于古代记录手段落后，《道德经》前期经历了上千年的反复传抄和刻印，流传过程中难免会多次出错。因此，《道德经》的校订版本数不胜数不足为奇。现在最常见的《道德经》通行本，即王弼的《道德经注》。资料显示，清代之前，《道德经》版本有近百种之多。

相比其他古远的版本，王弼注本比较接近现代人的文字习惯，

更易于理解和流传，但个别文字有被误注的可能。有学者把王弼注本与帛书甲乙本进行比较分析，发现王弼对帛书古本有较多的改动。有些改动无伤大雅，但有些改动却与古本的意思相差甚远，这就给后来的研究者带来了麻烦。

事实上，无论是帛书甲本，还是帛书乙本，或者王弼注解本，只要对老子的原本有改动，就会带来一定的争议，这是无法避免的。近些年，许多学者推崇帛书版本的《道德经》，认为帛书道德经早于晋代王弼本 400 余年，帛书更接近老子的原意，帛书显得更有研究价值，更能体现老子的哲学思想原意。

毫无疑问，不同的版本对《道德经》的解读就会有所不同，所表达的具体意思也会有所不同，其所传递的核心意思也有所不同。

例如，在王弼注本第一章第一句里就写着"道可道，非常道；名可名，非常名"。按照字意去理解，一般可以解读为：道是可

以言说的，言说的"道"并非恒常之道；名字可以用来定义命名，可用来定义的命名却不是永恒之名。

而在马王堆汉墓帛书版本的其中一个注解校订本（《为老子正名》，赵云鹏著，中国华侨出版社）里，赵云鹏所校订的古文内容却与通行本不相同，他的校订本里是这么写的："道，可道也；非，恒道也。名，可名也；非，恒名也。"按照字意去理解，一般可以解读为：道，是可以遵循的，不断变化的"道"才是恒常之道；名字是用来称呼万物的，名字跟随万物的变化而变化，这才是永恒不变的称呼方式。在这里，"非"字起到关键性的作用，"非"在这里被解读为"变化"的意思，加上断开的标点符号，更是改变了全句的意思。

可以看出，来自不同的版本，因为标点符号不同，以及个别古文字不同，由此解读出来的句子意思，其差别可能很大。另外，

即使是相同的句子，不同的注解者解读出来的意思也有很大的不同。例如，在王弼注本第二章里"天下皆知美之为美，斯恶已。皆知善之为善，斯不善已"这句话，不同的注解者大概有两种不同方向的解读，一种解读是这样的：天下人都知道美是什么，就会有丑恶了；天下人都知道善是什么，就会有不善了。而另一种解读是这样的：天下人知道美的事物而对其美的一面盲目追求，事情就坏了；天下人知道好的东西而对其好的一面盲目追求，事情就不好了。可以看出，第二章这句古文，来自不同的注解者，解读出来的意思差别很大。中国的古文字一字多义，是不容易理解的。正因为不同的注解者对古文字字义的理解不同，其对应的注解也会有所不同，不同的注解其意思差别可以很大。

对于普通读者来说，要全面读懂老子撰写的《道德经》，要全面领会老子的哲学思想，这不是一件容易的事情。《道德经》虽然只有五千多字，但上自天文地理，下至治国修身，其无所不谈，涵盖范围非常广泛，信息量非常巨大。并且，几乎每一本注解翻译本，都是从第一章到第八十一章逐章解读，书的页数几乎都在 300 页左右，称得上是长篇巨著。作为一个普通人，要理解书中的全部内容含义，甚有难度。我深深地感觉到，普通读者即使快速读完这些书籍也不容易；要细心、全面地理解自然之道，就显得更加不容易。

所以，在这本书里，与其泛泛解读《道德经》，还不如有所取舍；与其努力去捡起地上的每粒芝麻，还不如花点精力去寻找一个西瓜。我体会到，《道德经》反复提及的自然之道才是最重要的，自然之道的"道"才是《道德经》的核心，自然之道的"道"

才是老子道家哲学思想体系的核心。将内容聚焦于自然之道的理解上，将内容聚焦于道的自然本性上，将内容聚焦于老子的核心价值观上，将内容聚焦于老子价值观的实践与运用上，从这样的角度来展开探索研究，说不定会有更多新的收获和感悟。

在这里，读者可能会提出疑问，老子的哲学思想谈论的是自然科学和自然世界的事情，这与人类的世界观、价值观有关系吗？这对身处现实社会的我们有帮助吗？这确实是一个很多人关心的认知问题，值得在这里做出一些解释。

老子是中国最伟大的哲学家、思想家，能够称得上伟大的哲学家，老子的思想肯定是被广泛认同的。下面，我尝试从哲学的角度来谈论老子思想的现实意义。

哲学是世界观和方法论的总称。一般来说，人类的行为与价值观密不可分，也就是说，有什么样的价值观念，就会有相对应的行为模式；同时，有什么样的行为模式，相应也有着对应的价值观念作为理论支持。哲学讲求高度，每一套哲学体系都在力求用智慧来解决人类的疑难问题。哲学家擅长探索事物本质与现象之间的关系，并从错综复杂的各种自然现象中，通过看穿事物的层层表象，直达事物的内在本质，从而总结出自然的本性及其变化规律，总结出本质与现象的形成原因，并探究其根源。哲学家运用自然界永恒不变的理论来推导出适合人类的价值观和方法论，这些哲学理论肯定超越了人类的认知层面，肯定可以大大拓宽人类的思维想象空间。

我们都知道，人类诞生于宇宙自然，宇宙自然是人类生命的源头，人类对宇宙自然有一种与生俱来的尊重和臣服。以宇宙自然作为参照系，骄傲的人类也得低下傲慢的头。老子以"独立不改，周行而不殆"（第二十五章）的自然之道作为哲学理论基础，这肯定可以帮助人类建立正向的世界观和方法论，肯定可以帮助人类树立正向的行为规范，肯定可以帮助人类正确处理好人与人之间、人与社会之间、人与自然之间的关系。老子的哲学思想具有永恒不变的真理基因，具有深厚的信仰意义。他的哲学思想魅力无穷，正能量满满，同时不受时间和空间的限制，永远都不会过时。

　　我们要确立一种认知，宇宙自然是一个庞大的整体，一切万物都是从宇宙自然中诞生而来的。宇宙自然这个整体是由数之不尽的万物个体所组成，万物当中包含了人类，人类是万物中之一物。宇宙自然与人类的关系，本质上就是整体与个体的关系。个体永远隶属于整体，无论万物如何演变，个体永远是宇宙自然整体当中微不足道的组成部分。当个体生命结束的时候，个体就会转化成另外的形态，无论何种形态，它都是整体的一部分。

　　自然世界已经走过了五十亿年，人类出现的时间仅仅是百万年左右，可以说非常短暂。同时，人类的活动空间范围也非常有限，从人类有限的活动事件中提炼哲学思想，这几乎很难有太大的

哲学价值。作为人类自身，如果仅仅局限于人类的范畴来研究自己，无疑等同坐井观天。只有将视野拓宽到自然世界中，研究自然世界的属性和规律，这样，人类才能从中有所启发，有所醒悟，也能明白自己在自然世界中的从属地位。

如果从单独个体来看，我们每一个人更是微不足道的小个体。曾经有一位伟大的哲学家说过这么一段话："如亿万的波浪不停地在海面起伏，大海本身是不落生死的；只要波浪明白它们其实是海水，它们便可以同样超越生死，不再惧怕而获得内心的平静与安稳。"这句话可以这么去理解：大海是一个整体，波浪是其中的个体，当波浪清楚明白自己内在与生俱来的整体属性，就可以超越恐惧而获得安宁。同时，这句话还可以继续这么去理解：大海如同自然世界整体，而我们每个人就像是大海里的一滴水，都是一个单独的微不足道的小个体。一滴水只有清楚明白自己的位置，并对大海完全臣服，遵循大海的整体运动而动，这样，一滴水才符合自然法则，才能真正做到不痛苦。想象一下，如果水滴以自我为中心，自以为主，自以为大，不臣服大海，不尊重大海，那么，水滴的每一个当下都带着自己的想法，都伴随着与大海整体的对立与对抗，对立与对抗必然带来痛苦，这滴水必然是痛苦的。如果水滴顺从大海，那么，每一个变化都是自然和谐的，水滴只有真正明白自己内在的本质本性，方能在大海中起伏自如，知足常乐。

老子在《道德经》中也毫不含糊地表达了人类个体从属于自然整体的关系，"人法地，地法天，天法道，道法自然"。老子认为，自然、道、天、地、万物和人类，这是从先到后、从大到小的顺序关系。对于人类来说，自然、道、天、地，都可以视为是整体，人类应该以"自然、道、天、地"作为效法的参照物。在《道德经》里，老子视"自然"为最大的整体，"自然"两字在其中有着深刻的含义。"自然"随自然环境因素而和合变化，自然而然。由此可知，"自然"是整体，"自然"的本性是无我的；人类是个体，人类是自我的；从整体与个体关系来看，人类个体应该遵循自然整体，人类个体应该效法自然整体，效法的目标就是自然的本性。

老子清楚地看到人类个体自私自我的一面，所以，老子在《道德经》里不断地提醒人们，不要过度以自己为中心，不要自以为主，不要自以为大，不要骄傲自满，不要私欲膨胀，不要把自己的主观意志强加于自然之上，要崇尚自然，要效法自然，要"无为"。"无为"即是"自然"的行为，即是"道"的行为，即是"无我"的行为。一切顺应道、顺应自然的行为都可以称呼为"无为"。老子"无为"的哲学思想始终贯穿在老子的哲学思想体系之中。

自然与人类之间的关系，就哲学而言，就是整体与个体的关系。深刻理解这层关系，对于我们探索研究老子的自然之道，还原老子的哲学思想原意，大有裨益。站在人类的角度来看，宇宙自然是最大的整体，在"宇宙自然"整体之下，可以派生出无数局部的相对整体，这些局部的相对整体可以视为"宇宙自然"整体的延伸。比如，地球可以是我们的整体，国家可以是我们的整体，社区可以是我们的整体，家庭可以是我们的整体。总之，比我们自己单独个体要大的场域，都可以视为整体。对于习惯了以自我为中心的我们来说，真的很有必要建立整体的观念。在不同的空间环境中，都有一个相对的整体，当下此刻的整体是什么？这个

需要我们每个人根据自己的实际情况去判断。总之，当下的整体是"自然"整体的延伸，整体是一个相对的说法，是一个弹性的概念。随时随地建立整体的观念，可以帮助我们建立"不为主""不为大""常无欲"（第三十四章）的价值观念，帮助我们更好地随顺自然，随顺因缘。

环视当今世界主流哲学思想，能够站在宇宙自然高度来谈论人生方法论的，好像就只有中国老子的自然之道和印度佛陀的缘起理论了。所以，老子的《道德经》以及佛陀的《金刚经》都被世人称为"万经之王"，他们的哲学思想理论犹如黑夜中的星辰，历经二千五百多年，依然星光熠熠，受到世人广泛的关注。再往下看，比宇宙自然层面要低一些级别的哲学研究，就数当今最著名的心理学流派——德国心理学大师海宁格的家庭系统排列，这套系统是从家庭系统的角度来论述"家族"整体与"家庭成员"个体的关系。

下面，我略为简单介绍一下海宁格的理论思路，或许，这样可以间接帮助我们理解整体与个体的关系，从而更好地理解老子的自然之道哲学思想。海宁格心理学的核心就是研究家庭系统整体与家庭成员个体之间的合理关系。家庭系统创始人海宁格在某次访谈中多次强调，他真正的身份是哲学家，而不是心理学家，他希望大众用哲学的眼光来看待他的理论。

在我的理解中，海宁格的理论方向是这样的：每个人的生命都来自家庭系统，来自父母，家庭系统里面有前辈和后辈之分。在家庭系统中，先来者是前辈，前辈为大；后来者是后辈，后辈为小。后辈尊重前辈，感恩前辈，这是理所当然的事情。家庭系

统是我们生命的源头，它代表着整体，而每一个家庭成员就是其中的个体。事情的关键点就在这里：每一个个体都有着他该有的位置，每一个个体都应该处在自己的位置上，不能越位，并且，其位置要恰如其分。这样，一切事情就会呈现出和谐的景象；假如当事人自以为主，自以为大，自以为是，随意超越自己的位置，随意霸占别人的位置，那么，就会出现各种各样的不顺畅，并伴随着各种各样的烦恼和痛苦。这方面的例子数不胜数。例如，有些家庭的小孩子，如同家里的小皇帝，地位比父母高，比爷爷奶奶高。孩子要什么，长辈就给什么；孩子说什么，长辈就听什么，家里的人都围着他转，唯命是从。又例如，夫妻之间关系错位，父母与孩子之间关系错位等情形，必定违背家庭系统排列原则，所有错位的人都会领受到属于自己那部分的痛苦。

　　家庭系统理论适用的范围非常广泛，如父母关系、婚姻关系、亲子关系、友情关系、事业与金钱关系，以及疾病与健康关系等。海宁格认为，要解决人生的烦恼痛苦问题，唯有在根源上处理好家庭序列的关系，处理好家庭序列整体与个体的关系，尤其是处理好本人与母亲的关系。因为，我们的生命来自母亲，母亲是家庭序列整体的重要延伸方式，发自内心地感恩母亲，尊重母亲，热爱母亲，这是个体尊重整体的表达方式，是我们作为孩子必须具备的品质。

老子的思想与海宁格的哲学思想惊人地相似，在《史记·孔子世家》老子与孔子的对话中，就记载着老子有关辈分关系的经典名言："为人之子，勿以己为高；为人之臣，勿以己为上，望汝切记。"为人之子，不要瞧不起父母，不要把自己放在父母之上；为人之臣，不要藐视上级，不要把自己放在比上级还高的位置上，否则，必定会招致灾祸。这就是辈分次序关系的重要性。

另外，在《道德经》里，老子多次使用"母"字，"母"有母亲的意思，有"根本"的意思："无名天地之始；有名万物之母"（第一章）；"有物混成，先天地生，寂兮廖兮，独立不改，周行而不殆，可以为天下母"（第二十五章）；"天下有始，以为天下母。既得其母，以知其子；既知其子，复守其母，没身不殆"（第五十二章）；"有国之母，可以长久"（第五十九章）。老子用拟人化的方式将"道"形容如"母"，道生养万物而不辞，像母亲一样最值得敬爱和尊重，如果人类像尊重母亲一样尊重"道"，那么，就可以"没身不殆""可以长久"。

与家庭系统整体相比，天地自然整体肯定比家庭系统整体更具高度，因为世间万事万物皆来自自然，家庭也来源于自然，"自然"是最大的整体。老子的哲学思想就是用来帮助我们认识自然世界的真实样子，认识人类自身的真实样子，认识自然整体与人类个体的深层关系，从而帮助我们构建正确的人生价值观。

整体与个体的关系，与信仰密不可分。一般而言，信仰体系都是庞大而繁复的，道家思想经历两千多年的传播，已经发展为非常成熟的信仰体系，这个体系庞大而繁复。为了聚焦核心主题，在本书里，将只讨论道家哲学思想，不讨论道教体系，我们只将注意力聚焦于老子哲学思想的核心部分，力求探寻出更多有价值的观点，力求还原老子的哲学思想原意，从而拓宽我们的视野，提升我们的思想境界，修正我们的世界观和人生观，构建正确的行为规范。

第二章　老子与自然之道

第二章重点阐述了老子的哲学思想。该章以天地自然为参照标杆，以自然之道为脉络，以道的自然本性为切入口，用拟人化的比喻细致描述了道的自然特性，并以此作为人类效法学习的行为范本。

老子，中国古代最伟大的哲学家和思想家，中国"哲学之父"，自然之道学说的创立者，道家的创始人，世界上最早将天地自然与人类行为规范联系在一起的圣人。老子的哲学思想，以天地自然为参照标杆，以自然之道为脉络，以道的自然本性为切入口，用拟人化的比喻细致描述道的自然特性，并以此作为人类效法学习的行为范本。老子站在天地自然的高度来研究人类的现实生存问题，具有超凡的智慧，具有深远的现实意义，历久弥新。

据史料记载，大约在公元前478年，距今约二千五百多年前，一位90多岁的白须、白发、白眉、慈善和蔼的老人，骑着一头青牛，后面跟着一个书童，正准备经过函谷关口。当时，函谷关的关令叫尹喜，看到这个白发老人惊喜万分，同时又忧虑重重。因为他知道，这位过关的白发老人具有非凡的智慧，一旦这位白发老人离开函谷关，这位智慧老人将永远消失在大众的视线中，这无论对尹喜本人，还是对百姓和国家，都是巨大的损失。于是，尹喜千方百计恳请白发老人停留下来居住一段时间，将生平的所感所悟凝聚成一卷书，以此作为历史性留念。这位被尹喜崇拜的白发老人叫作李耳，也叫李聃、李伯阳。在春秋时期，人们对学识渊博的人士，都尊称为"子"，以示尊敬，因此，后人都习惯尊称李耳为"老子"。老子是一个尊称，在本书中，也会一直使用"老子"的称呼方式。老子经不住尹喜的恳求，于是暂住于函谷关，并静下心来，一气呵成，将酝酿已久的天道自然学说写成五千多言的《道德经》。

上述有关老子书写《道德经》的事实经过，西汉史学家司马迁在他的著作《史记·老子韩非列传》里是这样写的："老子修道德，其学以自隐无名为务。居周久之，见周之衰，乃遂去。至关，关令尹喜曰：'子将隐矣，强为我著书。'于是老子乃著书上下篇，言道德之意五千余言而去，莫知其所终。"

老子在《道德经》中首次提出自然之道，认为自然之道是天地之始，是万物之宗，是万物之母；同时，它也是宇宙自然的规律和法则。自然之道利万物而不争，道所具有的自然本性和属性最适合人类去效法学习。这些哲学观点大大开拓了人类的思维极限，也为人类的行为规范树立了新的标杆。《道德经》一出，立刻引起轰动，并被广泛传阅。之后，更是迅速传播开来，轰动周朝朝野上下。

老子的哲学思想，与自然规律和自然本性紧密地联系在一起，自然规律和自然本性是永恒不变的，所以，老子的理论同样具有"永恒不变"的真理属性。尽管过去了二千五百多年，《道德经》依然历久不衰。老子的哲学思想对古代中国的政治、军事、经济、文化、中医养生以及道德规范等各个领域都产生了深远的影响，因此，老子所撰写的《道德经》堪称"万经之王"。无论是古代还是现代，在小学生的课堂里面，每个学生都有机会学习到老子的经典名句。在中国，老子的名字几乎无人不晓。

将时间退回到二千五百多年前，那时候，人类社会的生产力还非常落后，人类对宇宙地球的认知还非常薄弱，几乎没有任何天文工具可以观察到宇宙世界的真实面貌。在那个古远的年代，老子就能洞悉宇宙自然之奥妙所在，洞悉自然之道的真实存在，洞悉自然之道与人类自身的密切关系，可以这么说，老子的发现是划时代的。因此，老子被后人赋予很多伟大的称号，这都是实至名归的。作为一个普通人，我们有着巨大的好奇心，想知道老子的人生是怎么一步一步走过来的，他又是在什么样的情况下，才写成这部揭示宇宙自然真相的经典巨著的，又是什么样的品质成就老子的辉煌的？

可惜的是，在历史文献中，除了《史记》少量有关老子的文字记载以外，我们很难找到世人公认的文献资料记录老子的生平事迹，这是非常令人遗憾的事情，这无疑增加了我们进一步认识老子的难度。不过，我觉得我们还是可以通过一些民间传说，从有限的事迹当中，来还原老子的成长经历，这些线索，肯定可以帮助我们增加对老子书写《道德经》背景的认识，肯定可以帮助我们增加对自然之道思想价值的认识。

下面，就让我们一起回到遥远的过去，一起试着走进老子的生活，一起了解老子的成长历程，见证老子是怎么从一个普通人，一步一步成长为一个伟大人物的，见证老子是如何写成这部伟大的道家经典巨著的。

老子出生于公元前 571 年春秋战国时期的苦县，苦县大约位于现在的河南省与安徽省交界处。司马迁在《史记》里写道："老子者，楚苦县厉乡曲仁里人也，姓李氏，名耳，字聃，周守藏室之史也。"

老子从小就显露出善良的本性，有关这方面的小故事比较多，比较琐碎，在这里不宜一一细说。少年时期的老子既有善良天性，同时天资聪颖，勤奋好学；更幸运的是，他还遇上了一位好老师，老师的启蒙教育帮助老子打下了深厚的文学功底。

老子的老师上知天文，下晓地理，知识渊博。在少年读书时期，老子就有机会跟老师学习《河图》《洛书》等经典书籍。老子读书刻苦用功，喜欢寻根问底，用"废寝忘食"来形容老子当时的读书状态毫不为过。少年时期的读书经历为日后老子著书立说打下了深厚的文学基础。

在老子的那个年代，正值兵荒马乱。当时，周朝已经没落，周王有名无实，下面的楚国、吴国、晋国、秦国、齐国都因争夺地盘而打得不可开交。军队所到之处烧杀抢掠，强盗匪徒四起，这些强盗匪徒比官兵还要歹毒。老子目睹了这一切，心如刀割。老子看到，那些坏人看似是人，却有着禽兽的行为，这些坏人的本质就是"恶"。老子恨透了恶人的所作所为，老子认为，人世间最坏的就是恶，相反而知，最好的就是善；善是恶的对立面，恶是善的反面，以善治恶，看上去是一个可行的方向。老子感觉到，如果人人善良，社会就会变得和谐；如果善良消失，社会就会陷入无休止的争斗。老子立志一生奉行"善"字，并计划以"善"为主题，构建善良学说。

善良学说的探索研究障碍重重，一次又一次的现实遭遇彻底改变了老子的价值认知。老子领悟到，在这个恶行当道的世态环境下，在这个"民争""民盗""民心乱"的乱世下〔"不尚贤，使民不争；不贵难得之货，使民不为盗；不见可欲，使民心不乱"（第三章）〕，在茫茫人群中找寻善良学说的理论依据，在茫茫人群中去传播善良的理念，这几乎是不可能完成的任务。事实上，善与恶是同一层面的对立关系，在同一层面上，善与恶势均力敌，

善要感化恶，善要改变恶，这近乎是不可能的。由恶转善，必须依赖更高层面的中间介体，必须依赖更高的价值观念才能做到。

老子意识到，在人类层面很难找到解决问题的答案，唯有把目光投向更广阔的天地自然，或许还有机会找寻到答案。因为天地自然是人类的生命源头，天地自然浩瀚无边，人类信仰天地自然的历史由来已久。自此，老子开始将人世间的疑难问题与天地自然联系起来，老子的善良学说开始转了一个方向，转为向天地问道，善良学说转为天道自然学说。

老子感悟到，天道就是天地自然之道，天道的核心精粹就在自然，自自然然，和和顺顺，没有人的刻意所为，没有人的肆意妄为。天道与自然两者关系密切，意思比较接近，但又不完全相同。因为，天道也在遵循自然规律而运行，天下万物更不例外，全都在自然的轨迹里有序运行。可以看到，老子在天道与自然的层面上开始有了更深的探索和研究。

随着学问和人生阅历的不断提高和丰富，老子的天道学说渐渐成形。在这个时期，老子认识比较深刻的就是天道自然的变化现象与规律。老子认为，天道并非一成不变，天道处于不断变化之中，"道，可道也；非，恒道也"，"变化"是天道的重要法则，宇宙万物都遵循着这个法则而运行。老子认为，天下万物无不在变，有些变化当时我们看见了，有些变化我们无法立刻看见。人与万物一样，都处于不断变化之中，婴儿变成少年，少年变成青年，青年变成老年，老年死去再变成尘土，这个变化规律无一例外，无论是富贵之人还是平民百姓，谁也无法逃脱，谁也无法抗拒。老子进一步将天道理论向价值观的层面转化：人生在世，时光短暂，与其作恶被人唾弃，还不如做一个有善心的善良人，多做一些有益他人的事情，百年归于尘土，也能被后人纪念、被人感恩。天道学说在实践中得到不断检验证明，老子开始获得越来越多人的认同，他的声望也越来越高。这个时候，有人向周朝天子周景王举荐了老子。

周景王接见了老子，对老子大加赞赏，盛情邀请老子留在宫廷做事，老子不负景王的好意答应了邀请。景王非常认同老子的为人和学识，也知道老子正在研究天道自然学说，为了不增加老子太多的宫廷事务，景王为老子安排了一个管理图书的藏书室吏的差事。于是，老子在朝廷里一边做事，一边继续探索研究天道自然学说。

天道学说看似深奥，但细心领悟之后就会明白，天道学说其实并不复杂，天道学说的关键点在于天地自然与人类的关系。老子认为，人类应该向天地学习，向道学习，向自然学习，像天、地、道、自然一样利万物而不争，自然而然，随顺自然，顺应自然规律。当时，朝廷里有两种思想观念，一派以老子为代表，主张谦让、不争；另外一派则以当朝太子为代表，主张争斗和夺取。主张争斗和夺取的权贵认为，人有恶有善，善良只是虚假的表象，使用手段明争暗取才是真实的本性，如若把争斗和夺取说成是万恶，那么，当朝的各国君王哪个不争？哪个不取？谦让、不争只是权宜之计，使用手段争斗和夺取是普遍的、本质的、永恒的。胜者为王，败者为寇，谁争胜，谁就能优先享福，谁就能称王称霸；谁不参与争夺，谁就落得一无所有。人的最大本性就是争斗和夺取，所谓谦让和不争，都是虚假的、表面的戏码而已。

以不争、谦让为旗帜的天道自然学说，受到了当朝部分权贵的嘲笑和抵制，即所谓"下士闻道，大笑之"（第四十一章）。面对权贵们这些赤裸裸、冷酷无情的言论，老子无言以对，同时陷入了深深的思考之中。老子暂时还找不到更好的理由与对方辩驳，老子感觉到，天道自然学说还有漏洞，理论体系还不是很完善。老子决定要以更加冷静、更加客观的眼光来观察自然世界，要让天道学说更加完善，更加没有瑕疵，绝不能让自己的自然学说误人子弟。

在国土、权力与利益争夺不休的动荡年代里，老子在宫廷一待就将近二十年。在这二十年里，老子目睹了宫廷内外发生的所有事件，篡权夺位，明争暗斗，尔虞我诈，这些活生生的宫廷见闻，为老子的天道学说提供了丰富的素材。在宫廷近二十年的观察思考、探索、研究，老子的天道自然学说越来越趋向成熟，老子的哲学研究已经从"道"的自然变化规律提升到"道"的自然本性的最高层面上。

在老子晚年，当时的思想家、儒家学派的创立者孔子慕名而来拜见老子。

孔子拜见老子的故事，在历史文献里记录得比较详尽。老子博古通今，既知礼乐之源，又知道德之要，孔子这次来拜访老子，就是专门为请教周朝礼乐问题而来的。

老子与孔子相谈甚欢，老子同时教授了孔子礼教与道德，孔子深感获益良多。逗留数日后，孔子向老子辞行。最精彩的地方就在辞行时老子与孔子的对话。

老子临别赠言道："吾闻之，富贵者送人以财，仁义者送人以言。吾不富不贵，无财以送汝；愿以数言相送。当今之世，聪明而深察者，其所以遇难而几至于死，在于好讥人之非也；善辩而通达者，其所以招祸而屡至于身，在于好扬人之恶也。为人之子，勿以己为高；为人之臣，勿以己为上。望汝切记。"

这段话的大意是，自以为是、高高在上者看似春风得意，其实危机四伏。那些习惯取笑别人是非、评论别人短处、揭他人难言之隐的人，都是愚蠢之人，都容易招致麻烦甚至杀身之祸。同样，为人之子，也不要小瞧父母，不要把自己放在父母之上；为人之臣，不要藐视上级，不要把自己的位置放在上级领导之上，否则也会招致祸患，一定要切记在心。

孔子顿首道："弟子一定谨记在心！"

行至黄河之滨，见河水滔滔，浊浪翻滚，其势如万马奔腾，其声如虎吼雷鸣。

孔子伫立岸边，感叹曰："逝者如斯夫，不舍昼夜！黄河之水奔腾不息，人之年华流逝不止，河水不知何处去，人生不知何处归！"

听闻孔子感叹，老子道："人生天地之间，乃与天地一体也。天地，自然之物也；人生，亦自然之物；人有幼、少、壮、老之变化，犹如天地有春、夏、秋、冬之交替，有何悲乎？生于自然，死于自然，任其自然，则本性不乱；不任自然，奔忙于仁义之间，则本性羁绊。功名存于心，则焦虑之情生；利欲留于心，则烦恼之情增。"

人生于天地之间，与天地自然是一体的。天地是自然造化之物，人类也是自然造化之物；人之幼、少、壮、老变化如同天地春夏秋冬交替一样自然而然。人生于自然，死也是自然使然，顺其自然，人的本性就不乱；不随顺自然，奔走在仁义之间，人的本性就会受困。利欲熏心，留恋功名，必然招致痛苦，顺应自然规律与现象，回归自然本性，才可以免除一切烦恼。

孔子解释道："吾乃忧大道不行，仁义不施，战乱不止，国乱不治也，故有人生短暂，不能有功于世、不能有为于民之感叹矣。"

老子道："天地无人推而自行，日月无人燃而自明，星辰无人列而自序，禽兽无人造而自生，此乃自然为之也，何劳人为乎？

人之所以生、所以无、所以荣、所以辱，皆有自然之理、自然之道也。顺自然之理而趋，遵自然之道而行，国则自治，人则自正，何须津津于礼乐而倡仁义哉？津津于礼乐而倡仁义，则违人之本性远矣！犹如人击鼓寻求逃跑之人，击之愈响，则人逃跑得愈远矣！"

　　自然之道的奥妙在于"自然"两字。天地自行，日月自明，星辰自序，禽兽自生，都是自然使然，人的生老病死以及荣辱等一切同样是自然使然。所以，遵循自然之道，国家则自治，人心则自正。自然，自然而然，以自私自我为中心的一切行为，都是人为的刻意妄为，都是违背自然之道的错误行为，都与人的自然本性相背离。唯有遵循自然之道，顺应自然之理，人才能回归本性。自然之道，是为人之道，为君之道，治国之道。

　　老子手指浩浩黄河，对孔子说："汝何不学水之大德欤？"

　　孔子问："水有何德？"

　　老子说："上善若水。水善利万物而不争，处众人之所恶，此乃谦下之德也；故江海所以能为百谷王者，以其善下之，则能为百谷王。天下莫柔弱于水，而攻坚强者莫之能胜，此乃柔德也；故柔之胜刚，弱之胜强坚。因其无有，故能入于无间，由此可知不言之教、无为之益也。"

　　水性谦卑，甘于居下，利益万物而不争，水的德性近于"道"的特性。水的外表柔弱，但随着条件变化则威力变得强大无比。所以，外表柔弱并非真是柔弱，柔弱变强是自然规律；另外，水性虚己，所以能做到无孔不入，这就是虚己"无为"的益处啊！

　　孔子闻言，恍然大悟道："先生此言，使我顿开茅塞也：众人处上，水独处下；众人处易，水独处险；众人处洁，水独处秽。

所处尽人之所恶，夫谁与之争乎？此所以为上善也。"

老子点头说："汝可教也！汝可切记：与世无争，则天下无人能与之争，此乃效法水德也。水几于道：道无所不在，水无所不利，避高趋下，未尝有所逆，善处地也；空处湛静，深不可测，善为渊也；损而不竭，施不求报，善为仁也；圜必旋，方必折，塞必止，决必流，善守信也；洗涤群秽，平准高下，善治物也；以载则浮，以鉴则清，以攻则坚强莫能敌，善用能也；不舍昼夜，盈科后进，善待时也。故圣者随时而行，贤者应事而变；智者无为而治，达者顺天而生。汝此去后，应去骄气于言表，除志欲于容貌。否则，人未至而声已闻，体未至而风已动，张张扬扬，如虎行于大街，谁敢用你？"

老子感悟到水性"利他无我"，所以，劝诫世人效法水性，凡是骄傲、张扬跋扈、傲慢固执的行为，都有违水性，有违自然本性，有违自然之道，这些都是不良恶习，要多加觉察与提防啊！

孔子道："先生之言，出自肺腑而入弟子之心脾，弟子受益匪浅，终生难忘。弟子将遵奉不怠，以谢先生之恩。"说完，告别老子，依依不舍地向鲁国而去。

回到鲁国，众弟子问："先生拜访老子，可得见乎？"

孔子道："见之！"

弟子问："老子何样？"

孔子道："鸟，我知它能飞；鱼，吾知它能游；兽，我知它能走。走者可用网缚之，游者可用钩钓之，飞者可用箭取之，至于龙，吾不知其何以？龙乘风云而上九天也！吾所见老子也，其犹龙乎？学识渊深而莫测，志趣高邈而难知；如蛇之随时屈伸，如龙之应时变化。老聃，真吾师也！”

“功名存于心，则焦虑之情生；利欲留于心，则烦恼之情增”“汝何不学水之大德欤”“施不求报，善为仁也”“应去骄气于言表，除志欲于容貌”，老子对孔子说出的一句又一句精彩话语洋溢着道家的精粹智慧，从老子与孔子的对话中，我们已经可以感受到，老子对自然之道的研究已经相当成熟，可以说，老子的天道自然学说就剩下用文字把它记录下来了。因缘越来越趋向成熟，为了更好地完成天道自然学说，老子决定辞掉宫廷的事务，告老还家，过隐居的生活，同时可安心撰写他的天道自然学说。

要撰写一部以宇宙自然之道为脉络，贯通上自天文、下至地理、中至人文的理论体系，并且，所阐述的理论又要深入浅出，精辟透彻，不偏不倚，经得起实践的检验，经得起时间的考验。另外，语言又要通俗、精准。要写成这样一部牵涉内容如此广泛的巨著，谈何容易？老子写写停停，停停写写，这样的隐居生活一转眼又过了好多年。

时至今日，仍然有部分学者还在质疑《道德经》是否出自老子之手。如果细心体会，我们会发现，老子笔下的《道德经》，并非构建于空中楼阁之上，而是以他自己真实的人生经历作为构建基础，很多题材都源于老子在朝廷任职期间的亲身经历与感受，这些都为老子书写《道德经》的真实性提供了佐证。

“天下无道，戎马生于郊。”（第四十六章）

天下无道时，战马都生于战场上。

“朝甚除，田甚芜，仓甚虚。服文采，带利剑，厌饮食，财货有余，是谓盗夸。非道也哉！”（第五十三章）

　　朝政腐败至极，弄得农田荒芜，粮仓空虚，但权贵之人却穿着锦衣华服，佩带锋利宝剑，饱餐精美饮食，搜刮富余财物，这纯粹就是强盗所为，这是多么无道啊！

　　"天下多忌讳，而民弥贫；民多利器，国家滋昏；人多伎巧，奇物滋起；法令滋彰，盗贼多有。"（第五十七章）

　　天下法规禁令越多，百姓就越贫困；民众手上利器越多，国家就越混乱；人的心智越机巧，古怪事情就越容易发生；法律越森严，触犯法律的人便越多。

　　"民之饥，以其上食税之多，是以饥。民之难治，以其上之有为，是以难治。民之轻死，以其上求生之厚，是以轻死。"（第七十五章）

　　百姓遭受饥荒，是因为统治者赋税太多；百姓难于统治，是因为统治者刻意妄为；百姓敢于轻生冒死，是因为统治者穷奢极侈地过着优越的生活。

　　老子忧国忧民，"以百姓心为心"（第四十九章），他时常琢磨着怎么做才能令百姓过上安稳自在的生活，怎么做才能引导君王更好地带领国家走向自然和谐。功夫不负有心人，老子经过几十年的探寻与体悟，终于感悟到，人类生命来源于天地自然，聆听自然的呼唤，追随自然的足迹，遵循天地自然之道，回归自然本性，就能与天地自然和谐相处，就可以解决人世间一切大小问题。于是，老子以天道自然为脉络，将一生的所感所悟写成了五千言的《道德经》，创建了一套以自然之道为核心的道家哲学思想体系。

在自然之道的理论体系里，无论是君主还是百姓，都需要遵循道的自然规律，效法道的自然本性，并勤而行之。这样，君主就能更好地治理国家，百姓就能更好地安居乐业，国泰民安，何乐不为？老子的终极目标，就是希望人们选取天地自然作为参照系，建立"道法自然"的人生价值观，通过遵循道的自然规律，通过效法道的自然本性，通过了解道的自然常理，人人都变得知足、知止、不争，从根本上解决人类无休止的争争斗斗。

老子在晚年的时候，中原地区一些诸侯国相互角逐，相互攻城略地，战火越发频繁，百姓的日常生活受到极大影响。当时的秦国国土最大、兵力最强。并且，秦国地处函谷关以西的宝地，土地肥沃，资源丰富，进可攻，退可守。相比而言，秦国的政治经济比较安定，局势比较安稳，适合撰写天道自然学说。权衡之下，老子决定越过函谷关，去秦国继续他的隐居生活，继续完成他的天道自然学说。于是，老子在书童的陪伴下，骑着他的青牛，一路向西，准备通过函谷关，这就有了本章开头所说的经典故事。

老子离开函谷关后，就消失在大众的视野里，从此，再没有人知道老子的去向和下落。西汉史学家司马迁在《史记·老子韩非列传》里最后是这么写的："盖老子百有六十余岁，或言二百余岁，以其修道而养寿也。"老子九十多岁离开函谷关后，估计是活到了一百六十多岁，也有人说是活到了二百多岁，这都是因为老子修自然之道而得以长寿啊！

第三章

自然之道与道法自然

第三章详述「道」与「自然」的关系。「道」虽然拥有超然的地位，但在「自然」面前，道必须遵循自然，道必须「道法自然」。

由此可见，「自然」比「道」处于更高的层级，「自然」是「道」的参照系，「道」必须遵循「自然」，「道」必须顺应「自然」。

老子从小就目睹恶人当道，对恶人恶行深恶痛绝，并立志要改变这股社会风气，改变人类的恶习，改变人类的精神面貌，改变人与人之间的紧张关系，改变整个社会的价值观念。

从青年时期开始，老子就开始探寻解决人性恶习问题的方法论，并以"人性善良"作为研究方向，形成了早期的善良学说。之后，老子发现，以善良惩治恶行，这个方法行不通。善良与恶行，是同一层面的对立体，双方的力量均衡，仅仅依靠善良不能惩治恶行，善良无法感化恶人，善良不能解决社会现实问题。可以说，善良学说的研究进入了瓶颈，无法再有任何突破。"以善制恶"的道路行不通，老子决定将研究目标瞄准天地自然，超越人类层面，寻找更高的参照系来作为研究方向。天地自然是人类眼中最高的参照系，将研究方向瞄准天地自然，这无疑是一种可行的探索，这是关键的转折点，老子的天道自然学说正式拉开了序幕。

后来，老子进入朝廷任职，亲眼看见权贵争权夺利，朝廷管理混乱，民不聊生，老子看在眼里，痛在心里。老子深知，个人的力量是非常有限的，凭借天地自然的力量，或许能解决社会现实问题。老子更加坚定了自己的信念，决定继续深入探索和研究自然之道，从理论层面解决所有疑难问题。经过长达几十年的探索、思考、研究、感悟，老子大器晚成，终于在他临近九十岁高龄之际写成《道德经》，《道德经》系统阐述了天道自然学说，系统阐述了"道法自然"的价值观。

人的一切行为，都是由价值观驱使的，拥有什么样的价值观，

就会有什么样的思想和行为，所以，价值观对每个人来说都非常重要。老子堪称是人类社会最早一个将天地自然与人类价值观紧密联系在一起的哲学家。老子认为，在宇宙自然世界里，存在着自然之道，道是宇宙世界的根本，是天地之始，是万物之宗，是万物之母。同时，它也是宇宙世界的最高法则和规律。道是万物内在一股无形的力量，这股力量主宰着万物，催生着万物永恒不息的变化。

"道，可道也；非，恒道也"（马王堆汉墓帛书版），万物都遵循着自然之道而运行变化。我们眼前所见的山川湖泊、飞禽走兽、树木郁郁葱葱，都是天地万物遵循着自然之道而生发、成长、变化所致。人类也不例外，人类同样遵循着自然之道，因为，人类只是万物之中的一个物种。

"道"是五千言《道德经》的核心，"道"在《道德经》里出现了七十多次,事实上,《道德经》就是围绕着"道"而展开的,"道"就是《道德经》的灵魂所在。什么是道？道是什么样子的？道的特质特性是什么？有哪些行为是道的行为？又有哪些是背"道"而驰的行为？沿着这些问题一步一步深入探索下去,我们就会对"道"有一个全面的、深入的、清晰的了解和认识。

按照古代字义去解释,"道"有道路的意思,有规律、法则的意思,也有言说的意思。一字多义是中国古文字的特色,即便是现代的中国文字,仍然保留着一字多义的传统习惯。

在《道德经》里的"道",我们通常都会解读为规律、法则的意思。与古时候相比,现代人在使用"规律""法则"这些名词的概念更加广泛,甚至有点泛滥,以至于我们对一般的"规律""法则"都有点无动于衷,不以为然。但当我们深切地感受到宇宙世界都是遵循着自然规律、法则在运行,天与地也是遵循着自然规律、法则在运行,即便是我们人类自身,也是遵循着自然规律、法则在运行。那么,我们或许会对规律、法则肃然起敬,对自然之道生起敬畏之心。

《史记·太史公自序》曰:"夫阴阳四时,八位,十二度,二十四节各有教令,顺之者昌,逆之者不死则亡。"道家"阴阳"学派研究者发现,人类生于天地自然之间,必然与天地阴阳变化、气机流动相照应,天地间节令的变化肯定影响着人的生老病死。如果人们逆阴阳、逆四时而动,会出现"顺之者昌,逆之者亡"的现象。按照这样的逻辑

推理，逆阴阳四时尚且"不死则亡"，如果人们逆自然之道，其后果更将不堪设想。所以，老子在第十六章里又说"不知常，妄作，凶"，不懂得自然常理而妄动，就会遭遇凶险。这方面的现实例子实在是太多了，大家要引以为戒。由此可知，如何顺应自然之道，对人类来说确实非常重要。

《道德经》的核心就是自然之道，而自然之道的核心就是一个"道"字。遗憾的是，道是看不见、听不到、摸不着的，"道之为物，惟恍惟惚"（第二十一章），"是谓无状之状，无物之象"（第十四章），道无形无象，难以用语言形容。道是深层的、内在的，所以无法看清，无法看透，眼耳鼻舌身意都无法直接触碰，只有通过自己用心去亲身体验、体悟，或许才有机会体悟到道的存在，体会到道的样子。

既然道这么难以辨认，难以言说，那么，圣人老子又是如何感知到道的存在的呢？我们回顾一下第二章的内容就会发现，老子并不是在短时间里就领悟到自然之道，老子是经历了无数的人生波折，历经长达几十年的探索、寻找、研究和用心感悟，才最终听闻到自然的声音，感受到自然的呼

唤，感受到自然的力量，领悟到道的真谛，才最终悟道。老子的《道德经》就是在这样的人生背景下写成的。这是常人难以做到的，这恰恰印证了老子的伟大。

如果没有老子自然之道学说的指引，对于我们普通人来说，要感悟自然之道的存在，这几乎是不可能的事情。所以，我们应该建立这么一个认知，道是非常珍贵的自然法则，是至高无上的自然法则，对"道"有一个正确认知，是体验体悟和遵循道的重要前提；对道有一个正确认知，是扭转我们人生困局的绝佳契机。

在《道德经》里，老子对道的描述穿插在不同的章节、不同的内容里面，一般情况下，我们通常都是在分散的不同章节里才阅读到有关"道"的不同描述并加以理解，这是惯常的理解自然之道的方式方法。我体会到，与其这样分散阅读、分散解释和分散理解，倒不如将老子在《道德经》里对道的描述都罗列出来，然后把注意力聚焦在道的核心意思上，对道的含义进行梳理归纳，这样，说不定能收到更好的学习效果。

下面，我们先来看看老子在《道德经》里有关"道"难以言说的部分是如何描述的。

在《道德经》第一章里说："道可道，非常道；名可名，非常名"，以及"玄之又玄，众妙之门"。

前句古文的大概意思是说，道是可以言说的，言说的"道"却非恒常的真实之道；名字是可以用来称呼的，用来称呼之名却不是永恒之名。后句古文的大概意思是说，道玄妙又玄妙啊，它是宇宙天地一切的根本。

在《道德经》第四章里说："道冲而用之或不盈，渊兮似万物之宗"，以及"湛兮似若存，吾不知谁之子，象帝之先"。

前句古文大概意思是说，道虚空无形，永远都用之不竭，像深渊一样深厚，它好似是万物之宗。后句古文大概意思是说，道非常深远又无处不在，我不知"道"从何而来，似乎天地存在之前就有了它。

在《道德经》第六章里说："谷神不死，是谓玄牝，玄牝之门，是谓天地根。绵绵若存，用之不勤。"

这段古文大概意思是说，谷神如"道"，"道"如谷神，道是天地自然的根本所在，道是永恒存在的，道如同雌性的生育之门，道之功用绵绵不绝，永无穷尽。

在《道德经》第十四章里说："视之不见名曰夷，听之不闻名曰希，搏之不得名曰微。此三者不可致诘，故混而为一。"

这段古文大概意思是说，怎么也看不见，这个可以叫它为"夷"；怎么也听不到，这个可以叫它为"希"；怎么也触碰不到，这个可以叫它为"微"。这三者混沌一体难以细分，可以笼统地称呼它为"一"，也就是说，"一"即是道，道即是"一"。

在《道德经》第十四章里接着说："是谓无状之状、无物之象。是谓惚恍。迎之不见其首，随之不见其后。"

这段古文大概意思是说，道，就像是没有形的"形状"，就像是没有物的"物象"，恍恍惚惚，你迎着它，却看不到它的头；你跟着它，却看不到它的尾部。

在《道德经》第二十一章里说："道之为物，惟恍惟惚。惚兮恍兮，其中有象；恍兮惚兮，其中有物。窈兮冥兮，其中有精；其精甚真，其中有信。"

这段古文大概意思是说，道在恍恍惚惚中成就了万物，在恍恍惚惚中创造了万物，在恍恍惚惚中显现了道的痕迹。虽然它在刚开始的时候比较弱小，但弱小之中有其精髓的部分，其精髓的部分真实而不虚假，我们都能感受到它的真实存在。

在《道德经》第二十五章里说："有物混成，先天地生，寂兮寥兮，独立不改，周行而不殆，可以为天下母。吾不知其名，字之曰道，强为之名曰大。"

这段古文大概意思是说，有一种东西，先于天地而生，它的状态混混沌沌、寂静无声、动而无形，它不依赖于任何事物就能独立存在，并且周而复始地运行，循环不息，它是天地之母，我们都不知道如何称呼它，就把它称为"道"吧，也可以牵强地称它为"大"。

在《道德经》第三十二章里说："道常无名，朴虽小，天下莫能臣也。"

这段古文大概意思是说，道，无名而质朴，它看上去好像比较弱小，但实际上，天下没有任何东西可以让它屈服。

在《道德经》第三十五章里说："道之出口，淡乎其无味，视之不足见，听之不足闻，用之不足既。"

这段古文的大概意思是说，道的显现平淡无味，既看不见，又听不到，但就是用之不竭。

在《道德经》第七十七章里说："天之道，其犹张弓欤！高者抑之，下者举之；有余者损之，不足者补之。天之道，损有余而补不足。"

这段古文的大概意思是说，道，就像是拉弓一样，感觉高了，就把弓弦压低，感觉低了，就把弓弦抬高；弓弦长了，就减短一点，弓弦短了，就补长一点。道就是这样减损多余、弥补不足的。

以上部分就是老子在《道德经》里有关"道"难以言说的描述。在这些话语里，我们深切地感受到，道无状无形，看不见，听不到，恍恍惚惚，没有固定的形象，没有确切的样子，没有真实的面目，真的很难定性，真的很难言说。

从逻辑的角度来说，既然道难以言说，就说明用文字所描述的"道"仅仅是触及道的其中一些方面，与真实的、真正的"道"应该不完全相同，这也就是为什么我们对"道"的理解和消化吸收是如此之难。这个难以言说的"道"，犹如站在我们面前的拦路虎，拦住了我们这些普通人继续前行探索自然之道的去路。有些人就此打住了、停止了、放弃了继续深入了解和探索，这是非常可惜的事情。

自然之道的核心就是一个"道"字，"道"有道路的意思，有规律、法则的意思，也有言说的意思。但如果我们把"道"仅仅定义为规律、法规和道路，无疑，我们就进入了一个很狭窄的视域来看待"道"。事实上，道有着深层的一面，道存在于万物本体的内在，道属于万物内在本性的范畴，道是万物内在本身存在的本性。也就是说，"道"不止有道路、规律、法则的意思，"道"还有本性的意思。所以，"道"的内涵非常丰富，它在不同的情况下所呈现的样子是不相同的，需要花比较长的时间去细心体会、琢磨和感悟。

道实在是太重要了，无论怎么难以言说，为了传播道的观念，老子还是花了很大的力气、很多的篇幅来介绍"道"。为了让我

们对"道"有一个全面的认识，老子尝试从五个角度来介绍"道"。从第一章开始，老子就从"无"与"有"的角度来介绍"道"。

　　在广阔无边的宇宙世界里，存在着自然之道。道有两面，一面是肉眼看不见的，这一面可以称呼它为"无"，"无名天地之始"；另一面是可以看得到、感受得到的，这一面可以称呼它为"有"，"有名万物之母"，"有"代表着"万物之母"，代表着"万物之宗"。也就是说，道具有两面，道是由看不见的、无形的"无"以及看得见的可以催生万物的"有"所组成，"无"与"有"并存于一个整体，"此两者，同出而异名，同谓之玄"（第一章）。"无"与"有"都出自"道"，它们都非常玄妙，它们都是"道"的其中一个名字，"无"与"有"两者之间的关系比较微妙。

　　我们来看看老子在《道德经》中谈论"无"与"有"的相关句子："无名天地之始；有名万物之母"（第一章）（注：宋代司马光、王安石，在"无""有"两字后用逗号断开，作"无，名天地之始；有，名万物之母"，以此强调"无"与"有"的概念含义），"故有无相生"（第二章），以及"天下万物生于有，有生于无"（第

四十章）。另外，在第十一章里，老子也谈及"无"与"有"，"三十辐共一毂，当其无，有车之用。埏埴以为器，当其无，有器之用。凿户牖以为室，当其无，有室之用。故有之以为利，无之以为用"（第十一章），在第十一章这段话里，"无"是指空的意思，"有"是指有的意思。

有关"无"与"有"的解释，可以说是《道德经》的难点之一，仅仅对一两个句子的"无"与"有"进行解释或者自圆其说并不太难，难就难在要把"无"与"有"放在完整的自然之道哲学理想体系里进行定位，这就变得很难了。事实上，"无""有""道"都是同一级别的概念，"道"的概念都这么难以定义，因此，"无"与"有"也同样难以定义，同样难以解释。

道既可以称呼为"无"，也可以称呼为"有"。"道"看上去好像什么都没有，但"其中有象，其中有物，其中有精，其精甚真，其中有信"（第二十一章），说明"道"确实存在。道广大无边，无所不在，永远不灭，并且永远伴随着万物处于运动的状态中。道，在前面看不见它的头，在后面看不见它的尾巴，恍恍惚惚，寂寂廖廖，独立运作，周而复始，永恒不息。不难看出，"无"与"有"都属于"道"自然层面的范畴，站在"无"与"有"的角度，似乎还不能完全让世人感到"道"的样子，于是，老子又从"大"与"小"的人文角度来介绍"道"。"大道泛兮，其可左右。万物恃之以生而不辞，功成不名有，衣养万物而不为主。常无欲，可名于小；万物归焉而不为主，可名为大。"（第三十四章）

"万物归焉而不为主"，这就是道的"大"；"常无欲"，这就是道的"小"。为了强化"万物归焉而不为主"，以及"常无欲"这两个重要认知，老子在很多的章节里都做了陈述，下面，我们先来看看对"大"的描述。

在第二章里说："万物作焉而不辞，生而不有，为而不恃，功成而弗居。夫唯弗居，是以不去。"万物依赖道而兴作，道从不推辞，道生养万物，却从不据为己有，有所作为却从不自恃，成就功业却从不居功，正因为道"不有""不恃""不居"，所以，道永远不会消失。从这个角度来看，赋予道"大"的名称实至名归。

在第四章里说："渊兮似万物之宗。"道深不可测，万物皆从道出，道是万物之宗，道确实大啊！

在第六章里说："谷神不死，是谓玄牝，玄牝之门，是谓天地根。绵绵若存，用之不勤。"道如谷神，滋养万物，如同天地之根，如同天地之母，道确实伟大。

在第七章里说："天长地久。天地所以能长且久者，以其不自生，故能长生。"天地之所以能长长久久，在于天地不是为了自己而生。"不自生"与"不为主"有着近似的意思。

在第八章里说："水善利万物而不争。"水性如同"道"之本性，都是利益万物而不争，水与道同样伟大。

在第十章里说："生之、畜之，生而不有，为而不恃，长而不宰，是谓玄德。""道"生养万物，滋养万物，从不自恃，从不主宰，这是大德啊！

在第二十二章里说："是以圣人抱一，为天下式。不自见，故明；不自是，故彰；不自伐，故有功；不自矜，故长。夫唯不争，故天下莫能与之争。"圣人都是以遵循道作为处事法则，"不自见""不自是""不自伐""不自矜"，这些特质与"不为主""不为大"的特质比较近似。

在第二十五章里说："有物混成，先天地生。寂兮寥兮，独立不改，周行而不殆，可以为天下母。吾不知其名，字之曰道，强为之名曰大。"道是天地之母，道是万物之母，从这个角度来说，道的名字可以称呼为"大"。

在第四十章里说："天下万物生于有，有生于无。"在这里需要强调一下，有部分学者认为这句话应该将其中一个"有"字去掉，"天下万物生于有，生于无"更合乎老子的原意。但无论如何，"有"与"无"都是"道"的其中一面，天下万物都是由"道"而兴起，万物不能离开"道"，这一点是永恒不变的，"道"的重要性不言而喻。

在第五十二章里说："天下有始，以为天下母。"道为天下母。

在第六十二章里说："道者万物之奥。"道是万物之奥妙所在。

在第六十三章里说："是以圣人终不为大，故能成其大。"圣人都是循道而为，圣人效法道，始终不自以为大，这反而成就了圣人的伟大。

在第六十七章里说："天下皆谓我道大，似不肖。夫唯大，故似不肖。若肖，久矣其细也夫。我有三宝，持而保之。一曰慈，二曰俭，三曰不敢为天下先。""不敢为天下先"与"万物归焉

而不为主"的"不为主"意思相近。

以上句子是从"万物归焉"与"不为主"的角度来叙述自然之道"大"的特质，同时，老子也从"常无欲，可名于小"的人文角度来叙述自然之道"小"的特质。老子在强调"常无欲"的时候，说得最多的就是"朴""知足""知止"和"不争"。

"朴"是原始状态的意思，在原始状态下，人都是无欲的，"朴"的状态如同"常无欲"的状态；另外，如果"常无欲"就会知足，知足就会知止和不争。为了确立这些重要认知，老子在相当多的章节里做了论述。

在第十二章里说："是以圣人为腹不为目，故去彼取此。"圣人都是善于遵循道的人，圣人通常都以满足身体饱腹即可，没有过多的非分欲望，不会去追求感官欲望。

在第十五章里说："敦兮，其若朴；旷兮，其若谷；混兮，其若浊""保此道者不欲盈。夫唯不盈，故能敝而新成。"（注：该章选自中华书局 2014 年版《老子》，汤漳平、王朝华译注）遵循道的人都是"若朴""若谷""若浊"，都是知足、知止之人，从不追求满盈，所以，常常能去故更新。

在第二十二章里说："夫唯不争，故天下莫能与之争。"圣人遵循道，像道一样具有"常无欲""不争"的特质，正因为不与人相争，所以，就没有了相争的对手。

在第二十八章里说："复归于婴儿""复归于朴"。"婴儿"和"朴"都是原始状态，都是没有欲望的状态，这与"常无欲"意思近似。

在第三十二章里说："道常无名，朴虽小，天下莫能臣也。""朴"与"常无欲"意思近似，道是"朴"的，看上去虽"小"，但天下没有东西能让"道"臣服。

在第三十五章里说："道之出口，淡乎其无味。"道的显现方式是淡而无味的，平淡的，朴的，无欲的。

在第三十七章里说："化而欲作，吾将镇之以无名之朴。无名之朴，夫亦将无欲。不欲以静，天下将自定。""朴"即是"常无欲"，守持"朴"的品质，就能做到"无欲"。

在第五十七章里说："我无欲而民自朴。"身为一国之君，我没有了非分的欲望，人民自然就变得纯朴。在这里，无欲与"朴"再次互相呼应。

在第六十四章里说："是以圣人欲不欲，不贵难得之货。"圣人有担当，以众人"不欲"为欲，众人都不想去做的，圣人主动去做。同时，不追求难得之货。圣人"欲不欲"与水"处众人之所恶"的意思近似。

在第六十六章里说："以其不争，故天下莫能与之争。"不争，就没有了相争的对象，天下没有人再会与他相争。

在第六十八章里说："是谓不争之德。"这就是不争的品德。

在第七十三章里说："天之道，不争而善胜。"强调"不争"

的益处。

在第七十七章里说："是以圣人为而不恃，功成而不处，其不欲见贤。"圣人有所作为而不自恃，有所成就而不自居，不愿意轻易外露自己的贤能。

在第八十一章里说："圣人之道，为而不争。"再次强调"不争"的益处，圣人之道如同自然之道，都是有所作为，却从不相争。

在谈论"常无欲""朴""不争"的时候，老子对"知足"的品质也非常重视，并多次谈到知足的好处与不知足的坏处。

在第三十三章里说："知足者富。"

在第四十四章里说："知足不辱，知止不殆，可以长久。"

在第四十六章里说："祸莫大于不知足，咎莫大于欲得，故知足之足，常足矣。"最大的祸害是不知满足，最大的罪过是贪得无厌。知足知止，才是"常足"。

上述就是道"无""有""大""小"的自然特质。最后，老子站在综合归"一"的角度来介绍"道"，"道"即是一，一即是"道"。

在第十章里说："载营魄抱一，能无离乎？"

在第十四章里说："视之不见名曰夷，听之不闻名曰希，搏之不得名曰微。此三者不可致诘，故混而为一。"

在第二十二章里说："是以圣人抱一，为天下式。"

在第三十九章里说："昔之得一者，天得一以清，地得一以宁，神得一以灵，谷得一以盈，万物得一以生，侯王得一以为天下贞。"

在第四十二章里说："道生一，一生二，二生三，三生万物。"

经过上面的归类分析，我们看到了道"无""有""大""小""一"五个层面，至此，道的样子开始比较清晰地呈现在我们面前。"道"是《道德经》的核心，是老子哲学思想的核心，也是万物生发、成长、成熟的内在推动因素。"顺之者昌，逆之者亡"，是顺道而为，还是逆道而行，人生的方向会因此截然不同。所以，我们值得花时间来认识"道"，值得花时间来了解它，认识它，适应它，遵循它。

道是内在的，深层的，无形的，道不断向下往有形的物体上落实，这就是"道生一，一生二，二生三，三生万物"的原理，这就是"道"不断向下层延伸的原理。道是最自然、最合规矩、最合天理、最不妄为的，道带着它的自然特性往下落实到万物之中，万物就与"道"同在了；"道"带着它的自然特性往下落实到人类身上的时候，人类就有了"德"，也就是我们通常所说的道德。

"道"虽然拥有超然的地位，但在"自然"面前，道必须遵循自然，道必须"道法自然"。由此可见，"自然"比"道"处于更高的层级，"自然"比"道"地位更高，"自然"是"道"的参照系，"道"必须遵循"自然"，"道"必须顺应"自然"。因此，深刻理解"自然"这两个字，同样是深刻理解老子哲学思想的重要前提条件。

什么是"自然"？"道"与"自然"究竟有着什么样的关系？老子在《道德经》里对比论述不多，仅有若干处地方出现过"自然"两字。

"功成事遂，百姓皆谓我自然。"（第十七章）

"希言自然。"（第二十三章）

"人法地，地法天，天法道，道法自然。"（第二十五章）

"道之尊，德之贵，夫莫之命而常自然。"（第五十一章）

"是以圣人欲不欲，不贵难得之货。学不学，复众人之所过。以辅万物之自然，而不敢为。"（第六十四章）

据考证，在中国古代文字演变历史中，"自然"这两个字最早出现在老子的《道德经》里，"自然"这个词组，被公认为老子首创的一个词语。老子在《道德经》里并没有对"自然"两字做更多的解释和描述，"自身本然如此，本该如此，自然而然"，这些都是我们后人解读的形容词语，这些词语都富有弹性，不同的人有不同的理解，单单就为了"自然"这两个字，都有可能陷入争论的漩涡而不能自拔。

"道法自然"，很显然，"自然"比"道"的地位要高，"自然"两字的重要性甚至超越了"道"的重要性。不难看出，理解"自然"两字，是理解"道"的重要突破口。在我的理解中，"道"是《道德经》的根基，"道法自然"这句话更是根基中的深层根基；"自然"作为一个概念，是道家最常用的用语，"自然"两字具有超乎寻常的分量。老子的自然之道学说，就是以"道法自然"作为根基而展开的。

下面，我尝试解读"自然"两字，有不妥之处请批评指正。

在两千五百多年前，古人习惯用单字来使用语言，"自然"，由"自"和"然"两个单独的字所组成，"自"有自身的意思，"然"有本然、如此的意思，两个字合在一起，就是"自然而然，自身本然如此"的意思。

要正确理解"自然"，还需要搞清楚什么是本然如此，什么是自然而然？

我们都知道，事物是依赖各种各样的元素不断和合变化而成的，因此，事物每时每刻都在发生变化。事物过去呈现的样子、当下所呈现的样子，以及未来将要呈现的样子都不相同。对于我们人类自身同样如此，即使我们在相同的场景下做着同一件事情，过去的感受与当下的感受也不相同，甚至反差很大。过去的我已经变得模糊，过去的我对于此刻而言只是一种记忆，过去的时间跨度越长，如虚如幻的感觉就越强烈。同时，未来的我也存在着诸多不确定因素，未来的我将会遭遇到无法预测的各种因素，没有人敢保证，未来的我一定会变成什么样子。所以，无论从哪个角度去看，当下的我，才是最真实的我，当下的我，才是此时此刻最真实的呈现、最自然的呈现。也就是说，"自然"的时间坐标直指当下。

"当下"这个概念也是不容易理解的，在这里，有必要对"当下"这个概念做一些补充解释。"当下"是对当事人而言的，不同的人，他所处的当下都不相同。另外，当下是动态的，并非静止不动的，当下就是现在、此时、此地、此刻的自然状态。对于每一个人来说，当下状态是整体自然状态的显现，当下状态可以视为是整体自然状态的延伸。事实上，回到当下，正是个体生命回归整体自然的一种生活方式，也是个体生命尊重整体、遵循整体的一种表现形式。"回到当下""活在当下"已经被世人广泛认同，"活在当下"更被奉为最高境界的生活方式。可以这么说，把握现在，全然融入眼前的一切人、事以及各种环境因素，分分秒秒专念专注，这个就是活在当下。活在当下代表着我们跟自然整体有着很深的连接，活在当下意味着我们正全身心地投入到此时此地此刻的因缘和合之中。

对于万物来说，当下的因缘和合无比重要，因为当下的因缘和合决定了万物将要如何演变；同样，对于人类来说，当下的因缘和合也是非常重要的，当下的因缘和合可以促成我们的人生发生微妙或者巨大的变化。因此，"活在当下"有着深刻的现实意义。可以看到，生命只有在"和合"这一刻才最真实、最有意义、最有价值，我们的人生无疑就是由无数的微妙当下所组成的，当下是现实生活里最真实的时刻，当下就是实相，当下就是真相。

在这里，读者可能会有疑问，以自己为中心活在当下可以吗？这是一个颇具争议的话题，不同的人理解肯定不一样。依我来看，既然"当下"是自然整体的延伸部分，既然"回到当下"可以视为是个体生命回归整体的一种生活方式，既然"活在当下"要专念专注，那么就可以推导出，"活在当下"应该是以"当下"为中心，而不应该是以自己为中心。如果以自己为中心，个体就无法回归整体；如果以自己为中心，必然就伴随着各种各样的欲望思绪而无法做到专念专注。所以，活在当下需要"不为主""不为大""常无欲"，需要放下自我，需要完全专念专注，完全无我地随顺环境因素的变化，这样的"我"才称得上是最自然而然的我，这样的状态才是人类自身本然如此的状态，才是人类与生俱来的自然状态。

对于绝大多数的人来说，"无我"是一个十分陌生的词语，很多人对"无我"都有误解，甚至有人把"无我"看成是"傻瓜"才有的思维模式和行为方式，很多人从心底里对"无我"十分抵触，并认为"不那么自私，不那么自我"就已经足够了。在这样的情形下，要理解和做到无我地随顺当下环境因素，这几乎是不可能的事情，这就是为什么"道"与"道法自然"让人难以理解的地方。所以，我们需要时常在心中觉察和提醒自己，没有欲望思绪的我，才是真正的我，全然活在当下、随顺自然环境因素变化的我，才是自然而然的我。"自然"意味着无我，"自然"意味着无我地随顺当下的自然变化。而"人为"意味着以自我为中心，"人为"意味着自我，意味着以自己的想法来改变当下的自然变化，"自然"与"人为"是两个截然不同的方向。

从自然界的角度来看，人类是大自然孕育出来的产物，人类早期都生活在原始森林中，人类与大自然之间有着特殊的情结。古时代的求道者，很多都选择山野森林作为第一去处，因为求道者知道，只有回归类似山野森林这样的大自然，烦躁不安的心灵才会回归宁静与安详，大自然或许是终结人类心灵问题的灵丹妙药。

当今社会发展迅速，这是人类科技文明进化的结果。美中不足的是，生活在钢筋混凝土建造起来的建筑森林当中，人们会感到无形的压力和紧张。而一旦回归大自然山野森林之中，人们又会瞬间感到轻松舒畅。所以，大自然对人类有一种特殊的魅力，人类回归大自然的生活方式，甚至重回大自然，这是人类本源心性的内在动力。

在《道德经》里，贯穿着"自然""道""无""有""大""小""一""德"等道家名词概念，这些名词概念，都在全方位地丰富着"道"的内涵。但这些名词概念都不容易理解，都容易让人晕乎，这就是为什么《道德经》不容易理解、不容易深入的原因。最后，围绕着"道"这个核心，我觉得还需要归纳一下，补充一些内容，来完善我们对"道"的全面理解。

第一，在时间上，道在初始宇宙之前就已经存在，"吾不知其谁之子，象帝之先"（第四章）；在空间上，道无处不在，"大道泛兮，其可左右"（第三十四章）。无论时间或者空间，道都是永恒存在的，道不会单独存在，道与万物永远同在。

第二，道是万物本体的重要组成部分，道是万物之本源，道是万物之根本，万物不能离开道而独立存在，万物离开了道，就意味着缘尽而亡。

第三，道是宇宙形成的原动力，道主导着宇宙世界的运行，道先于天地而生，道主导着万物的成长变化。

第四，道是自然规律，道的规律主要体现在以下三句话里："物壮则老"（第三十章）、"反者，道之动；弱者，道之用"（第四十章），以及"天之道，损有余而补不足"（第七十七章）。

第五，万物皆由道而生，万物皆有其道，道藏于万物之中。在人类身上，道之显现谓之德，"孔德之容，惟道是从"（第二十一章），自然之道就是通过人类的品德来体现道的特质和特性。老子认为，遵循和效法自然之道，人类就有德，有了德，做事情就会和谐畅顺；假如违背了自然之道，人类就失去了德，事情就会变得不和谐、不畅顺。由此可知，自然之道对于人类来说是多么重要！

　　第六，"道隐无名"（第四十一章），道处于隐藏状态，无形无象，难以用语言准确描述。"道"只是老子起的一个名字而已，老子说，"道"这个名字也可以牵强地称之为"大"，"强为之名曰大"（第二十五章）。道有着"无""有""大""小""一"等众多名字，所以，我们要明白，"道"这个名字固然重要，但"道"这个名字所代表的内涵更加重要，我们对"道"的理解，更是重要之中的重要。当我们将注意力聚焦于"道"的"无""有""大""小""一"五个内涵上，当我们将注意力聚焦于真实之"道"的体悟体证上，就说明我们已经走在正确的道路上了。

第四章

天性、习性和本性

第四章，老子在叙述天与地「无我」「无分别」天性的同时，又运用对比手法叙述了人类自私自我的习性，通过「无我天性」与「自我习性」的正反对比，让我们清楚看到人类自身的真实状况。

在上一章节里，我们知道了道具有"无""有""大""小""一"五个重要特质，在这一章，我们把道"不为主名大"与"常无欲名小"的人文特质提升到天性、本性的层面来探索研究老子的哲学思路，尽最大可能尝试还原老子的哲学思想原意。

什么是天性？最本源的理解即天（天与地的天）所具有的秉性和本性。在概念上，天性通常是指万物或者人类与生俱来的秉性和本性。众所周知，万物是天地孕育出来的产物，人类也是天地孕育出来的产物，因此，万物皆有其自己的天性，人类也有自己的天性。在研究天性方面，有一点是可以肯定的，那就是天性是与生俱来的，天性是万物形成或者人类出生的时候就已经具有的，并且，之后的环境因素不能改变天性。另外，在语言使用习惯上，很多时候天性等同本性。本性，本身存在的秉性，本性与天性有着近似的意思。

下面，我们一起来探索研究一下"天性"这个概念，看看这个概念在《道德经》中起什么样的作用，看看这个概念在老子哲学思想中占据多大的分量。

一切都要从"天性"的源头开始谈起。我们所理解的"天"（天与地的天），通常是指生活在地球上的人类仰望上空所看到的空间，也就是说，地球周围的空间就是人类眼中的"天"。为了更好地理解天性概念，可以先从"天"的起源开始，我们可以借助一些现代天文知识，从宇宙形成的角度来研究天性。

我们所看到的"天"是如何演变而来的？又或者说，宇宙是怎么来的？宇宙是如何开始的？目前，大多数科学家认为，宇宙是由一个密度无限大，压力无限大，温度无限高，无限扭曲的奇点物质在约 138 亿年前的一次大爆炸后膨胀形成的。随着时间的推移，爆炸后产生的这些碎块逐渐旋转形成盘状系统，经过不断运动，不断和合，不断演变，从而形成大小不一的星系。在宇宙运行大概 90 亿年左右，有一些重物质开始慢慢凝聚在一起，形成了太阳系和地球。刚开始的时候，地球表面到处喷发着岩浆，产生了大量的水蒸气。随着水蒸气不断增多，水蒸气凝结成小水滴，小水滴形成了雨，地球上第一次长时间的大雨就这样形成了。据推测，这场大雨下了百万年之久，倾盆大雨从天而降，雨水降落到地球表面低凹的地方，就形成了江河、湖泊和海洋。同时，地球表面温度也开始慢慢降了下来。经过漫长岁月演变，大约在地球形成之后 10 亿年左右，最低等的原始生命在海洋中开始形成。这个时候，海洋中的生物陆续繁盛起来，一些鱼类离开了海洋，成为脊椎动物的祖先。此后，地球上各种生物相继出现，生物变得越来越多样化。在几亿年前，身形巨大的恐龙称霸地球，站在了地球生物链的顶端。大概 6500 万年前，由于小行星撞击地球导致火山爆发，火山爆发所造成的恶劣环境令恐龙灭绝。再后来，经过长时间的演变进化，才出现了人类。从此，人类站在地球所有生命体的最顶端，是目前已知的最高级生物。

　　宇宙是人类创造的一个天文名称，严格来说，宇宙在大爆炸之前，它不能称为宇宙，它只是一个密度极大、温度极高、压力极大、极度扭曲的奇点物质。奇点物质究竟是如何形成的？它又是由什么元素所组成的？这些问题充满了谜团。尽管如此，有一些事情还是可以确定的，那就是这个奇点物质绝对不是由单一元素所组成，因为单一的元素是静止的、恒常的、不会变化的。如果奇点物质由单一元素组成，就不会出现无限扭曲的状态，也不会发生大爆炸现象。所以，奇点物质肯定是由两种以上的元素，甚至不计其数的元素所组成。奇点物质的形成以及发生大爆炸，整个过程肯定是由两种以上甚至不计其数的元素和合才得以发生。大爆炸之后，各个星系的形成也是由不计其数的元素和合而来，地球的形成同样如此。至今，没有一个科学家能清楚描述大爆炸之前的宇宙是个什么样子，只知道巨大的奇点本源物质发生大爆炸之后，宇宙的运行就正式开始了。

因缘和合的力量真的不可思议，可以肯定地说，宇宙万物以及人类都是由宇宙最初的奇点物质经过大爆炸之后一步一步依赖因缘不断和合、不断演变而来。宇宙天地的诞生只源于自己内在自然因素的变化，宇宙天地都是依循着自然因素的变化不断和合发展变化而来，现在以及未来也将会继续依循自然因素和合而不断变化发展。因此，宇宙天地其本质是空无自我之本性。也就是说，天地是没有自我的，天地是无我的，天地是随自然因素不断变化而演变的。依此，我们就可以推导出天地的本性和秉性是无我的，天（天与地的天）性是无我的。

如果细心体会，我们就会发现，老子在《道德经》中自始至终都没有使用过"无我"两字，老子比较喜欢使用"自"字，"自见""自是""自伐""自矜""自恃""自居""自有""自贵"等，"自"字代表着"自我"，代表着分别心，代表着自以为主，代表着自以为大。可以这么说，人类的所有不当行为，全部都是因为"自"的原因而产生的。

老子喜欢用"自"字代表自我，喜欢用"不自"来代表无我、无分别，如"不自见""不自是""不自伐""不自矜""不自有""不自生""不自恃""不自贵""不自居"等。不难看出，《道德经》里其实处处都蕴含着"无我"的意思。"无我"两字看似简单，其实它里面的内涵非常丰富，"无我"包含着很多优良品性，"无我"里面也包含着"无分别"，两者关系如影随形。也就是说，"无我"是形，"无分别"是影，无我与无分别形影不离。

在《道德经》里，老子除了强调"不自""不有""不居""不为主""不为大"以外，对"无分别"特质的描述也比较多，其中最经典的话语出自第五章的"天地不仁，以万物为刍狗"，以及出自第七十九章的"天道无亲，常与善人"这两句话。这两句话准确描述了天与地对待万物都没有分别心，天地没有了分别心，就不会把自己放在为主、为大的位置，就会"利万物而不争""利万物而不害"。为了进一步佐证"道"以及"天与地"无我、无分别的特质和特性，老子使用了大量篇幅进行辅助说明。

老子在第二章里谈到天地的不自私、不自我，"万物作焉而不辞，生而不有，为而不恃，功成而弗居。夫唯弗居，是以不去"。天地孕育万物，从不自私，从不居功自傲，正因为天地从不自私、不自我、不自傲，才成就了天地的长长久久。

接着在第七章里说："天长地久。天地所以能长且久者，以其不自生，故能长生。"天地长长久久，天地之所以能长长久久，是因为天地不自私、不自我、不自生，所以才成就了天地的长久。

在第八章里说："上善若水。水善利万物而不争，处众人之所恶，故几于道。"天底下最善的莫过于水，水滋养万物，却从不自私自我，从不与万物相争，并且愿意停留在众人不喜欢的地方。所以，水的本性最接近"道"的本性。

在第十章里说："生之、畜之，生而不有，为而不恃，长而不宰。"天地孕育万物，养育万物，天地从不自私自我，从不占万物为己有，虽然是万物之长，却从不主宰他们。

在第三十四章里说："万物恃之而生而不辞，功成不名有，衣养万物而不为主。常无欲，可名于小；万物归焉而不为主，可名为大。以其终不自为大，故能成其大。"道的本性无私无我，万物依赖它生长却从不推辞，大功告成却不为功名，孕育万物却不自以为主。从道"常无欲"这点来看，可以称呼道为"小"；从万物归附却不自以为主的角度来看，可以称呼道为"大"。可以这么说，"不为主""不为大"是道的重要人文特质。

在第六十六章里接着说："以其不争，故天下莫能与之争。"

在第六十八章里接着说："是谓不争之德。"

在第七十三章里接着说："天之道，不争而善胜。"

最后，在第八十一章里说："天之道，利而不害。圣人之道，为而不争。"

细心体会，就会发现，在上述话语中，都表达了一个核心意思，道以及天与地的天性本性都是无我的、无分别的、无欲的、不争的、不宰的、不为主的、不为大的，它们没有一丁点自私自我的成分。同时，道以及天与地都顺从自然变化而变化，都无我地随顺当下自然，都无我地"道法自然"。道以及天与地，正是因为它们无我、无分别地随顺自然因素的变化而变化，这才成就了道的伟大，才成就了天与地的伟大。

无我与无分别如影随形，无我、无分别是同一方向；相反，自我与分别心同样如影随形，自我、分别心在同一方向形影不离。"天地不仁，以万物为刍狗"（第五章），以及"天道无亲"（第七十九章）这两句话非常清晰地告诉我们，天地不会对谁特别好或者对谁特别不好，天地对待万物都毫无分别心，天地的天性是无我无分别的。我们可以想象一下，在两千五百多年前，人类对宇宙太空基本没有太多认知，对于地球是圆的还是平的，都没能给出一个肯定的说法。在那个时代，老子就能够清楚看到天地自然"无我""无分别"的自然特质，不能不赞叹老子的观察和感悟能力超乎常人，确实伟大！

从上面的探索研究中，我们似乎已经找到了足够的理论依据推导出"天与地"天性的真实含义。那么，天性与人类究竟有什么样的关系呢？在现实生活中，人类的秉性又是什么呢？这同样值得我们继续深入探索下去。

天与地的天性是无我的，可惜的是，人类受生活环境和价值观念的影响，人类变得越来越自我。无我与自我是截然相反的两个方向。在《道德经》里，老子一边叙述天与地"无我""无分别"的天性，同时，又运用对比的手法叙述着人类自私自我的习性，通过无我天性与自私自我习性的正反对比，让我们清楚地看到人类自身的真实状况。

人类的自我习性究竟有哪些表现方式呢？老子在《道德经》里有详细的叙述。在第九章里说："持而盈之，不如其已。揣而锐之，不可长保。金玉满堂，莫之能守；富贵而骄，自遗其咎。"

想保持永远盈满，不如就此作罢；尖而锋利的铁器难以保持长久；金玉满堂，很难守护；富贵而骄慢，就会留下祸根。事实上，"盈""锐""金玉满堂""富贵"，这些尽善尽美的想法和做法都属于人类欲望的范畴，物极必反，欲望过头必然招致祸患。在这章最后部分，老子给出了解决之道，即"功遂身退，天之道也"（第九章），人要学会适可而止，要学会后退忍让。

然后在第十二章里接着说："五色令人目盲，五音令人耳聋，五味令人口爽，驰骋畋猎令人心发狂，难得之货令人行妨。"五色、五音、五味都属于色香味触觉的感官欲望范畴，追逐狩猎让人好斗好勇，珍稀物品让人垂涎三尺，从而变得贪婪，这些习性都容易让人变坏。在这章的最后部分，老子同样给出了解决之道，即"是以圣人为腹不为目，故去彼取此"（第十二章）。自古圣人都是以满足自己身体基本需要作为生活原则，所以，圣人懂得舍弃物欲，选择简单朴素。

在第十三章里接着说："宠辱若惊，贵大患若身。何谓宠辱若惊？宠为下，得之若惊，失之若惊，是谓宠辱若惊。何谓贵大患若身？吾所以有大患者，为吾有身，及吾无身，吾有何患。"得宠和受辱都感到惊恐，这就是宠辱若惊，人之所以有大患，就是因为"我"有这个身体，假如没有这个身体，"我"还有什么可以忧虑的呢？从这些话语里可以看到，个体自我以身体作为依托，并带有强烈的患得患失分别心，得到就惊喜，失去就惊恐，很显然，分别心是烦恼痛苦的根源之一。

在第十八章里接着说："大道废，有仁义；慧智出，有大伪；六亲不和，有孝慈；国家昏乱，有忠臣。"老子认为，百姓的分别心越强烈，社会就越不稳定，"仁义""智慧""孝慈""忠臣"，这些都是人类分别心的产物，这些都是导致社会不稳定的因素。

在第十九章里，老子给出了上一章的答案："绝圣弃智，民利百倍；绝仁弃义，民复孝慈；绝巧弃利，盗贼无有。此三者，以为文不足，故令有所属，见素抱朴，少私寡欲。"老子认为，抛弃智巧的分别心，就可以做到民利百倍；抛弃仁义的分别心，就可以民复孝慈；抛弃巧利的分别心，就可以做到盗贼无有。所以，老子鼓励人们少点分别心，少点欲望，这样，百姓就可以过上淳朴自然的安稳生活。

在第二十章里接着说："俗人昭昭，我独昏昏；俗人察察，我独闷闷。""众人皆有以，而我独顽似鄙。"大多数人都有着强烈的"昭昭""察察""有以"的分别心，而老子自己则是保持着"昏昏""闷闷""顽似鄙"的淡泊之心。老子觉得，"昏昏""闷闷""顽似鄙"的行为方式才是淡泊宁静、避免烦恼痛苦的有效方法论。

在第二十四章里接着说："自见者不明，自是者不彰，自伐者无功，自矜者不长。""自见""自是""自伐""自矜"都是自以为是的自我行为，都属于习性的范畴。

在第四十二里接着说："强梁者不得其死。"喜欢使用强横暴力之人不得好死，好勇斗狠之人通常都是极度自私自利之人。

在第四十四章里接着说："是故甚爱必大费，多藏必厚亡。知足不辱，知止不殆，可以长久。"自私自我，过度贪爱，过度积敛财富，都要付出巨大的代价，甚至遭遇惨重的损失。所以，要懂得适可而止，要懂得知足，尽量减少自私自我的行为，方可长长久久。

在第四十六章里接着说："祸莫大于不知足；咎莫大于欲得。""不知足"和"欲得"都是自我习性的范畴，都是贪婪的表现方式，都是招致痛苦的根源。

在第四十八章里说："取天下常以无事，及其有事，不足以取天下。""有为""有我"的时候通常都是心事重重，老子提倡"无为""无我"，做到心中"无事"，这样才能治理好天下。

在第五十三章里说："朝甚除，田甚芜，仓甚虚。服文采，带利剑，厌饮食，财货有余，是谓盗夸，非道也哉。"讲究衣着打扮，讲究饮食，讲究财富名利，在田地荒芜、粮仓空虚的情况下，依然穿着锦绣衣服，佩戴锋利宝剑，饱餐精美饮食，搜刮富余财货，这是强盗的行为，这是自私自我到达极点的"非道"行为。

在第五十五章里说："心使气曰强。"情绪和痛苦

的感受在于心，心好胜使气，生起欲望嗔恨，这就叫作强蛮。这个"强"与"强梁者"的"强"字意思近似。实际上，心的问题都跟自私自我有很大关系。

在第五十七章里说："人多伎巧，奇物滋起。""伎巧"越多，奇怪事情就越多，因为，伎巧是自私自我惯常的显现方式。

最后在第六十七章里说："今舍慈且勇，舍俭且广，舍后且先，死矣。"当今之人，不单舍弃了慈爱，还好勇斗狠；不单舍弃了节俭，还铺张浪费；不单舍弃在众人之后的行为，还争先恐后，这些都是死路啊！这都是自私自利之心泛滥的后果啊！

对照上述有关自我习性的描述内容，我们可以知道自我习性大概有哪些表现形式，在我们自己身上又有多少这种习性特质。我把上述句子再进一步归纳总结，方便读者全方位理解自我习性的特质。

第一，老子在《道德经》中多次使用"自"字，"自有""自恃""自居""自见""自是""自伐""自矜""自贵"等，"自"字可以理解为"自我"。《道德经》里所描述的人类不当行为，全部都是因为"自"的原因所导致的。人类不良习性的根源正是"自"，"自"的程度越深，人的习性就越深重。

第二，自我视身体为生存依托，自我把身体看得无比重要，自我所追求的"五色""五音""五味"等东西，全部都是为了满足自身身体感官欲望的需要，这些东西表面上给人以享受，实质上却对自己的身心造成伤害。

第三，自我拥有强大的分别心，自我想尽办法追求自己喜欢的东西，想尽办法拒绝、摆脱、清除自己不喜欢的东西，自我一切以自己为中心，喜欢随心所欲，自我很难做到随顺自然，自我很难活在当下。

第四，在自我眼里，自己永远都是最重要的、最特别的，所以，自我经常自以为主，自以为大，自以为是，骄傲狂妄，傲慢无礼。

第五，自我常常通过别人的认同来确立自己的存在，自我最抗拒别人的否定。在大众由来已久的价值观念中，名与利、物质与财富是衡量个人成就的重要指标，自我为了确保自己的存在价值，总是不遗余力地拼命追求名利财富，其动机很大程度上是为了求得更广泛的认同。

相比较而言，天与地的天性就比较简单明了，天与地的天性就是无我无分别，借用老子的原话就是"弗有""弗恃""弗居""不自生""不争""不有""不恃""不居""不宰""不名有""不为主""不为大"等，这些都是自我习性的相反方向，都是"无我"的范畴，都是对自我习性的否定。也就是说，无我天性的反面就是自我习性，自我习性的反面就是无我天性。

在有关天性与人类习性行为的比较过程中，老子比较喜欢使用"不"字，如不言、不尚贤、不争（说得比较多的词语）、不贵、不为盗、不见、不乱、不仁、不自生、不有、不恃、不宰、不为目、不盈、不自见、不自是、不自伐、不自矜、不彰、不爱、不可执、不积、不武、不怒、不为主、不为大等，"不"字在《道德经》里出现的次数有两百多次，比"道"还多，反复体会这个"不"字，对理解老子哲学思想的原意很有帮助。

老子在《道德经》里谈论了很多自我习性的行为，当然，老子同时也给出了对治自我习性的方法论：只要朝着"自我"的相反方向去做事情，就是对治自我的好方法。如"不自见""不自是""不自伐""不自矜""不自有""不自生""不自恃""不自居""不为主""不为大""不主宰""不争"等，上述的做法都是对治自我习性的好方法。另外，朝着"无分别"的方向去做事情，如"不仁""不爱""不贵""不执"等，同样也是对治自我习性的好方法。因为，分别心越大，自我程度越深，有分别心的事情越多，自我的范围就越广。分别心消失了，自我也就一起消失了。

在这里，我觉得有必要将"无我"与"自我"的由来以及两者之间的关系做一些补充叙述。之前，我们在探索天性的时候已经得出了一个结论，从绝对的角度来说，宇宙一切万物都是由远古的宇宙本源物质随顺各种因素不断和合演变而来，人类也是由宇宙的本源物质随顺各种因素和合演变而来。这就表明，一切万物皆无自我之本性，空无自性，"无我"是宇宙以及宇宙万物内在的本质、本性。宇宙万物的无我之性自宇宙诞生以来，就从来没有消失过。人类和万物一样，人类身上也存在着无我之性。自有人类以来，人类身上的无我之性就一直存在着，未曾消失过。也就是说，我们每个人天生就有一颗无我之心，这是人类与生俱来的本性。无我之心以整体自然为中心，以当下为中心，尊重和臣服整体，尊重万物，本质善良。

我们再来看看自我心性是如何形成的。有人认为人类的自我心性是先天的、与生俱来的，又有人认为人类的自我心性是后天形成的。细心体会，就会发现，每个人自我心性的形成都是有迹可循的。从妈妈肚子里出来之后，我们就被赋予了一个名字，这

个名字不断提醒我们，"我"就是我，别人就是别人，我和别人有区别，相比而言，"我"只会关注我自己。等"我"慢慢长大，自我的意识开始变得更加强大，"我"是中心，我比谁都重要。当"我"的观念确立，二元思维就开始形成，有二元思维就会有分别心，就会有好坏分别，就会有期待，就会有执著。自我、二元思维和执著，这几个概念一脉相承。

可以看到，人类的心性既有无我的一面，也有自我的一面。从老子的哲学思想来看，"自"即是自我，自我有违自然之道，因为自我最大的特点就是以自己为中心，以自己利益为中心，以自己感受为中心，这就违反了"人法地，地法天，天法道，道法自然"的哲学原理。事实上，我们大多数人的人生就是围绕着如何让我们的自我变得更强大而一步步走过来的。自我具有贪得无厌的特质，没有的东西想拥有，拥有了，还想拥有更多。即使拥有一生一世乃至十生十世都用不完的财富和资源，自我也不会满足，还会继续追求，欲望无止境。由此，我们可以清楚地看到自我的不足和危害。还有，自我擅长多变，难以捉摸，但万变不离其宗，自我自始至终都离不开以自己的利益为中心，以自己的利益最大化为中心。

　　可喜的是，宇宙自然赋予了人类自我个体的存在，就肯定有它的存在价值。凡事都有两面，世间事物没有绝对的好，也没有绝对的坏。可以这么说，以自我为中心是人类个体赖以生存的一种方式。自我心性并非一无是处，对一切都不满足，追求个人利益最大化，自我的这些特质激发了自我不断提升自己的技能与能力，积极参与各种竞争。在现实世界不断施压下，自我也会变得越来越聪明，并学会追随环境的变化而跟着变化，学会变通，学会不断提高劳动生产效率，学会发明创造各种科技产品为人类自身服务，这些都是自我心性聪明好学、勤奋上进的表现。很多优秀的人才，如对社会有贡献的作家、画家、社会学家、经济学家、电脑专家、成功的商人等，都离不开自我完善与自我奋斗。另外，自我拼搏的精神也为人类社会的经济繁荣发展做出了巨大的贡献。所以，从相对的层面来说，自我心性也是人类个体的重要组成部分。假如没有个体自我心性，人类可能就不是现在的人类，世界也可能不是现在的世界。总之，从相对的层面来说，个体自我心性和整体无我心性都是宇宙自然赋予我们人类的本性。如果心性的两面能够相融合一，就是真我，即一个真正的我。很显然，我们的无我心性长期被习性所污垢覆盖，日积月累，我们几乎看不到我们身上的无我本性。所以，我们根本不缺自我，我们最缺的是无我。只有显现无我心性，无我与自我相融合一，那个才是真正的本我。

再次回顾老子的哲学思路，我们就会发现，"人法地，地法天，天法道，道法自然"，人类效法学习的核心方向就是地的天性、天的天性、道的天性、自然的天性，人类也会像自然、道、天地一样拥有"不为主""不为大""常无欲""无我""无分别"的天性。最终，人类完全遵循自然之道，完全实现天人合一，完全到达宁静安详的人生境界。

最后，我们再来谈谈"本性"这个概念。或许是两千五百年前语言使用习惯的原因，在《道德经》里，老子自始至终都没有使用过"本性"两字。但在《史记·孔子世家》里有关老子与孔子的经典对话中，却记载着老子说出了"本性"两字："生于自然，死于自然，任其自然，则本性不乱；不任自然，奔忙于仁义之间，则本性羁绊。"从上述叙述中可以判断，老子对"本性"两字给予了高度认同。老子口中的"本性"应该没有包含自我习性，因为，老子对自我习性是持否定态度的。我觉得，老子心目中人类的"本性"就是指天与地的天性。我们可以这么推测：道以及天与地的天性是无我、无分别、"不为主""不为大""常无欲"的，根据"人法地，地法天，天法道，道法自然"的逻辑关系去推论，人类的天性本性也应该像"天地"一样，具有无我、无分别、不为主、不为大、常无欲的特质。

至于人类的自我习性，都是人类后天生活环境形成的产物。

老子认为，人类在婴儿时期没有太多分别心，没有太多自我成见，没有太多非分之想，婴儿都是"为腹不为目"（第十二章），都是天真无邪，纯朴自然，因此，婴儿状态是最接近道的状态。老子多次提及婴儿状态："专气致柔，能婴儿乎"（第十章），"我独泊兮其未兆，如婴儿之未孩"（第二十章），"复归于婴儿"（第二十八章），"圣人皆孩之"（第四十九章），"含德之厚，比于赤子"（第五十五章）。所以，作为自然之道的修行者，我们要确立一个认知，即人类的天性本性是"不为主""常无欲"、无我、无分别，而人类的自我习性是在后天生存环境形成的，是可以改变的，我们要对改变自身自我习性的事情抱有信心。

　　在老子书写《道德经》约一千七百年后，宋代学者编著了一本《三字经》，其中第一句话就写到"人之初，性本善。性相近，习相远"，这句话是对人类自我心性形成的最好注解。

事实上也确实如此，每个人的秉性在开始的时候都是善良的。后来，随着社会环境的影响，人与人的性情也发生了巨大的差别。所以，如果人类学会遵循自然之道，效法天地，效法道，效法自然，那么，人们后天形成的自我习性会大幅降低，"不为主""常无欲""无我无分别"的天性本性也会充分显现，那个时候，就能够到达"无为"的终极境界，也即"为学日益，为道日损。损之又损，以至于无为，无为而无不为"（第四十八章）。

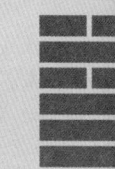

第五章

道与德

第五章，可以这么说，越是遵循道的自然规律，越是效法道的自然本性，人类就越具有「德」，「德」的多少以「遵循道」「效法道」的程度作为衡量标准。

道是内在的，深层次的，无法用肉眼直接看穿看透。道享有众多的美誉，道者，万物之奥：道者，万物之主也。道是宇宙规律，道是宇宙法则，道是天地之始，道是万物之主宰，道是万物之根本，道是万物之母，道是万物之宗，万物依赖"道"而生存，离开了"道"，或者背"道"而驰，万物将走向消亡。

　　哲学思想只有回归到日常生活当中，它才具有现实意义。自然之道的最大功用，就是要将它落实到人类人文层面上来。自然之道是一个巨大的概念，就像是我们面前站着的一个伟大人物一样，我们既要知道伟人的伟大，同时也要懂得如何向伟人学习。可以试着想想，我们要学习面前的这个伟人，学习什么呢？肯定不是去模仿伟人的行为，而是要深入学习伟人的内在特质和特性。所以，以伟人为楷模，以伟人为榜样，学习伟人的最佳途径就是学习伟人的优良特质和特性。学习自然之道同样如此，要效法自然之道，不能只是"东施效颦"而有样学样，而是要深入学习"道"的内在特质和特性。只有这样，才能真正学习到自然之道的精粹所在。

　　之前在第三章里我们已经谈到，道具有"无""有""大""小""一"五个特质，在这五个特质当中，"无"与"有"是属于自然层面的特质，"无名天地之始；有名万物之母"（第一章），"无"与"有"包含着自然规律和法则。相比而言，"大"与"小"是属于人文层面的描述，"大"与"小"包含着道的天性、本性和特性。也就是说，道有两大范畴，一个是自然规律和法则，这个属于人类遵循的范畴；另一个是天性、本性和人文特性的部分，这个属于人类效法学习的范畴。

"人法地，地法天，天法道，道法自然"（第二十五章），"法"字是动词，有效法、效仿、学习和遵循的意思。"孔德之容，惟道是从"（第二十一章），与"道"相对应，人类德的显现也有着两个重要范畴，一个是遵循自然规律和法则的范畴，另一个是效法天性、本性和人文特性的范畴。可以这么说，越是遵循道的自然规律，越是效法道的天性、本性和人文特性，那么，人类就越具有"德"，"德"的多少以"遵循道""效法道"的程度为衡量标准。

如果读者反复阅读和细心体会，或许能够感受到，老子谈论自然现象比较多，谈论自然规律比较少。在我的认知里，"反者道之动"（第四十章）、"物壮则老"（第三十章），以及"天之道，损有余而补不足"（第七十七章）这三句话属于自然规律的范畴。同时，这三句话也是众多自然现象的真实写照。

相比而言，人类的"德"来源于"道"的自然特质和特性，所以，老子花了大量的篇幅来谈论道"大"与"小"两大人文特质。同时，还补充论述了"道"其他一些人文特质和特性，这些特质和特性都是对"大"与"小"的补充和延伸。例如，道像水、江海、山谷、女阴、婴儿。道具有谦虚、谨慎、守静、纯真等特质，道的这些人文特质和特性，组成了人类"德"的重要内涵。"孔德之容，惟道是从"，我们效法"道"什么样的品质，相应地就会具有什么样的"德"；我们违背"道"什么样的品质，就会缺失什么样的"德"。所以，对道的优良特质和特性有一个全

面认识，对违背道的不良行为有一个全面了解，将有利于我们深刻理解老子《道德经》的哲学思想原意。下面，我们对道的优良特质和特性做一次全面归纳，同时，把违背道的不良行为也放在一起进行对比。

一、"不为主""不为大"的优良品质

不为主，即不以自己为主。同时也意味着不为大，不以自己为大。不为主代表着"不为大""不自居""不自伐""不自是""不自见""不自恃""不自矜""不自有""不自生""不自贵"。

"万物作焉而不辞，生而不有，为而不恃，功成而弗居。夫唯弗居，是以不去。"（第二章）不有，不恃，弗居，这就是不为主。

"天长地久。天地所以能长且久者，以其不自生，故能长生。"（第七章）天地不只是顾着自己生，还顾及万物之生，不自生，这就是不为主。

"生之、畜之，生而不有，为而不恃，长而不宰，是谓玄德。"（第十章）不有，不恃，不宰，这就是不为主。

"是以圣人抱一,为天下式。不自见,故明;不自是,故彰;不自伐,故有功;不自矜,故长。夫唯不争,故天下莫能与之争。"(第二十二章)不自见,不自是,不自伐,不自矜,这就是不为主。

"大道泛兮,其可左右。万物恃之以生而不辞,功成而不名有,衣养万物而不为主。常无欲可名于小;万物归焉而不为主,可名为大。以其终不自为大,故能成其大。"(第三十四章)生而不辞,功成而不有,不为主,不为大,这都是道的优良特质。

"是以圣人终不为大,故能成其大。"(第六十三章)圣人不认为自己是大的,并且永远都不认为自己是大的,"不为大"的思想意识成就了圣人的伟大。

"吾不敢为主而为客,不敢进寸而退尺。"(第六十九章)不为主,只是客,从这种非常谦虚、非常直白的表达方式可以看出,老子对于"不为主"的感悟非常深刻。

"是以圣人为而不恃,功成而不处,其不欲见贤。"(第七十七章)圣人不愿意外露自己的贤能,所以,圣人有所作为而不自恃，有所成就而不自居。无论是出于"不欲见贤"的原因，还是出于其他原因，只要做到"不为主""不自恃""不自居"，那么，圣人的大德就会自然而然流露出来。

"不为主""不为大"的反面就是为主、为大。下面，我们再来看看"为主""为大"的反面教材。

"自见者不明，自是者不彰，自伐者无功，自矜者不长。其在道也，曰余食赘行。物或恶之，故有道者不处。"（第二十四章）自见、自是、自伐、自矜，都属于自以为主、自以为大的行为，这些行为都不会有好结果。从道的角度来看，这些都属于背"道"而驰的行为，这些不良习性如同剩饭赘瘤一样都是多余无用的，有道的人决不会这么做。

"强梁者不得其死。"（第四十二章）强硬蛮横之人，都不得善终，这就是自以为主、自以为大、自以为是的过患。

二、谦虚、谨慎的品质

如果我们认同老子的哲学思想，效法道"不为主""不为大"的人文特质，那么，我们的行事方式肯定会变得谦虚和谨慎。对于一般人来说，在我们自以为主、自以为大的时候，我们通常目空一切，唯我独尊，自把自为，随心所欲，发号施令，我们常常表现出自以为是的傲慢行事方式。我们只有在听命于别人的环境下，只有在不为主、不为大的状态下，又或者在危机四伏的情况下，我们的处事方式才会变得谦虚谨慎，小心翼翼。

"古之善为士者，微妙玄通，深不可识。夫唯不可识，故强为之容。豫焉若冬涉川，犹兮若畏四邻；俨兮其若容"。（第

十五章）（注：该章选自中华书局 2014 年版《老子》，汤漳平、王朝华译注）古时候善于遵循道的人，微妙玄通，深不可识，正因为不可识，所以只能勉强用语言来形容：他小心翼翼的样子好像冬天在结冰的河上行走一样，他谨慎犹豫的样子好像提防四面邻居的窥视一样，他拘谨庄严的样子好像自己是宾客一样。

"是以圣人处无为之事，行不言之教。"（第二章）圣人以"无为"思想为行事准则，奉行不言之教。

"希言自然。"（第二十三章）少言以至无言，是自然的本性。行为处事小心谨慎，语言说话同样要小心谨慎，不能掉以轻心，"不言""希言"才符合自然之道。同时，"多言数穷，不如守中"（第五章）。中国有句老话，叫作"言轻莫劝人"，这句话与"不言之教""希言自然"有着异曲同工之处。确实如此，为人处世真的要学会把握说话分寸，什么时候该说，什么时候不该说，该说哪些话，不该说哪些话，都要心里有数。因为，不该说的话说多了，往往会令自己陷入困境，甚至陷入绝境，特别是那些数落别人是非短处的话语，更容易招致灾祸。保持沉默，把话留在肚子里可保平安。

"善有果而已，不敢以取强。果而勿矜，果而勿伐，果而勿骄，果而不得已，果而勿强。"（第三十章）善用兵者达到预期结果就可以了，切不可以逞强，逞强最不符合道了。因为事物到达最强大的时候，就会由盛转衰，"物壮则老，是谓不道，不道早已"（第三十章），保持谦虚谨慎，可确保生命力更加长久，这就是谦虚谨慎的益处。

"战胜，以哀礼处之。"（第三十一章）打胜仗归来，也要保持低调，并以哀丧之礼来对待，以此化解杀人无数的怨气。

"吾不敢为主而为客，不敢进寸而退尺。是谓行无行，攘无臂，扔无敌，执无兵。祸莫大于轻敌，轻敌几丧吾宝。故抗兵相加，哀者胜矣。"（第六十九章）我只是采取为客的防守方式，不敢自以为是主动进犯；宁可后退一尺，不敢前进一步；如无臂可攘，如无敌可克，如无兵可执，有所行而不见所行。因为，轻敌是最大的祸患，轻敌几乎可以丧尽我方的优势，所以，两军对抗之时，哀伤并被同情的一方必胜。

"慎终如始，则无败事。"（第六十四章）由始至终奉行谨慎的行事方式，那么，就不容易失败。"挫其锐，解其纷，和其

光，同其尘"（第四章），挫其锋芒，解除纷扰，调和光芒，混同尘土。总之，谦虚、谦卑、谦让、小心谨慎是为人处世立于不败的最佳方式，也是"善为道者"的行为规范。

谦虚谨慎的反面就是傲慢高调、炫耀自夸、趾高气扬、急进妄动，我们一起来看看这方面的反面教材。

"富贵而骄，自遗其咎。"（第九章）富贵之人傲慢，必然付出沉重代价，其结果咎由自取。

"不知常，妄作，凶。"（第十六章）不懂得道，就会肆意妄为，就会陷入凶险的境地。

"自见者不明，自是者不彰，自伐者无功，自矜者不长。"（第二十四章）自逞己见者不明事理，自以为是者得不到彰显，自我夸耀者没有功勋，傲慢自大者难做众人之长。

三、忘身、忘己、无私、无己的品质

人类的生命建筑在身体之上，身体不行了，就意味着生命结束了。所以，对于人类来说，最大的忧虑来源于身体，忧虑身体生病，忧虑身体意外受伤，忧虑身体死亡。事实上，我们的身体比金钱、名誉、地位要重要一百倍，特别是面对死亡，几乎每个人都会感到莫名的害怕和恐惧。老子清楚地看到人类的痛苦根源，找到了对治痛苦的有效方法。老子认为，我们不单要在显性的、表面的层面上做到"不为主""不为大"，还要在隐性的、内在的意识层面上做到"不为主""不为大"，要在内心深处不断淡化自我意识，将"不为主""不为大"的特质发挥到极致，以至到达"忘身""忘己"的地步，把身体忘掉，甚至把自己忘掉，这样，"自我"

消失了，我们也就没有什么可以忧虑了，也即"吾所以有大患者，为吾有身，及吾无身，吾有何患"（第十三章）。

"是以圣人后其身而身先，外其身而身存。非以其无私邪？故能成其私。"（第七章）圣人把自己的利益放在众人的后面，反而大家推他到前面；圣人把自己置之度外，反而成就了自己。

所以，在隐性的、内在的、深层的意识层面上真正做到"不为主""不为大"，以至到达忘身、忘己、无私、无己的状态，这是老子在《道德经》中描述的最高品质、最高境界，这是我们效法自然之道的终极方向，值得我们用一生去体会感悟。

四、"常无欲"、知足、不争的品质

老子认为，道以及万物的原始状态都是"朴"的，而"常无欲"与"朴"的状态相似，所以，"常无欲"即是"朴"，"朴"就是"常无欲"。老子对"常无欲"的特质非常看重，在相当多的章节里都有提及。

在第十二章里说："是以圣人为腹不为目，故去彼取此。"圣人不会追求感官享乐，只是满足身体基本需求就可以了。与那些一方面讲究心灵修行，同时又讲究追求香美饮食的修行人，老子的话语具有警醒作用。

在第十五章里说："保此道者不欲盈。夫唯不盈，故能敝而新成。"（注：该章选自中华书局 2014 年版《老子》，汤漳平、王朝华译注）以"道"作为行事方式的人，从不贪满盈，正因为不贪满盈，所以能去故更新。

在第三十二章里说："道常无名，朴虽小，天下莫能臣也。"

道，无名而质朴，它看上去好像是弱小的，但实际上却是威力无比，天下没有任何东西可以让它屈服。

在第三十五章里说："道之出口，淡乎其无味。"道是淡而无味的，平淡的，朴的，无欲的。

在第三十七章里说："化而欲作，吾将镇之以无名之朴。无名之朴，夫亦将不欲。"道是朴的，守持"朴"的特质即是守持道，守持道就能做到"无欲"。

在第五十七章里说："我无欲而民自朴。"君主没有了贪欲，民众自然就变得纯朴。在这里，"无欲"与"朴"的关系再次确立。

在第六十三章里说："为无为，事无事，味无味。"以"道"作为准则，以无所事而事，以平淡无味为味。在这里，"味无味"与"常无欲"的意思有近似之处。

在第六十四章里说："是以圣人欲不欲，不贵难得之货。"圣人以众人"不欲"为欲，从不追求难得之货。

在第八十一章里说："圣人不积，既以为人己愈有，既以与人己愈多。"圣人效法天地自然，不单不积聚财物，反而尽心尽力去帮助他人，这样反而让圣人更加富有。

"常无欲"的价值观必然成就知足的品质，老子有关知足的论述也比较多。

在第二十九章里说："故物或行或随，或嘘或吹，或强或赢，或载或隳。是以圣人去甚，去奢，去泰。"万物有的前行，有的后随，有的强大，有的弱小，有的能承载，有的已危坏，因此，顺应万物的特性，把握好分寸，去除多余的部分，恰如其分，恰到好处，适可而止，这才是圣人之道，这才是自然之道。去除多余的部分，适可而止，这就是知足。

在第三十二章里说："知止可以不殆。"知道适可而止，就没有了危险。知止，也是知足的一种方式。

在第三十三章里说："知足者富。"知足者富有。

在第四十四章里说："知足不辱，知止不殆，可以长久。"知足之人免于羞辱，知止之人免于危险，知足、知止方能长久。

在第四十六章里说："故知足之足，常足矣。"知道知足知止，才是永远的满足。知足常足，知足必然不争，所以，老子也在比较多的章节里谈到"不争"的好处。

在第二十二章里说："夫唯不争，故天下莫能与之争。"

在第六十六章里说："以其不争，故天下莫能与之争。"

在第六十八章里说："是谓不争之德。"

在第七十三章里说："天之道，不争而善胜。"

在第八十一章里说："圣人之道，为而不争。"

圣人因为懂得人生方法论，懂得"天之道，不争而善胜"，所以，"圣人之道，为而不争"；相反，普通人深受世俗价值观念的影响，仰望名利权贵，喜欢攀比。所以，世人欲望多，容易不知足。不知足就会带来争抢，老子在《道德经》中对不知足以及争抢的过患深恶痛绝。

"持而盈之，不如其已。揣而锐之，不可长保。金玉满堂，莫之能守"（第九章）。把持并不断往满盈的状态发展，不如马上停下来

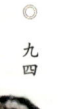

老子的智慧

适可而止。锋芒又锐利，是很难长久的。金银宝玉堆满厅堂，谁都不能守住。

"天下神器，不可为也。为者败之，执者失之。"（第二十九章）天下是一种神圣的东西，不能出于强力，也不能执著把持，执著把持就是多欲，执著把持必定失去。

"祸莫大于不知足，咎莫大于欲得"。不知足是最大的祸患，贪得无厌是最大的过失。

五、守静的品质

"致虚极，守静笃，万物并作，吾以观复。夫物芸芸，各复归其根。归根曰静，静曰复命。"（第十六章）老子认为，静是万物的根本，万物回归根源称为静。人的根在心灵，心静是最好的状态。人的心之所以疲惫不堪，都是因为内心欲望搅动所致，如果我们效法道"常无欲"的优良品质，那么，就可以做到心安、心静。静与净意思相通，静代表着内心清净，代表着心境清净。所以，静是人类是否遵循自然之道的参考标杆，致虚守静是人类回归生命源头的方向。

　　"静"代表着本源状态。事实上，绝对的"静"是不存在的，"静"与"动"是相对的概念，"动"是宇宙自然的运行常态，"静"是相对"动"而言的。静为阴，动为阳，动中有静，静中有动，动静平衡。阴中有阳，阳中有阴，阴阳平衡。万物负阴而抱阳，冲气以为和，万物在动静之间、阴阳之间求得和谐与平衡。老子清楚地看到，天地自然是动态变化的，万物的常态就是动，人也是从婴儿一步一步地在动态中走向衰老。静是初始状态，动是变化使然，人类最欠缺的就是静，尤其是心灵的安静，由动返静，就可以返回到源头根本之处。静意味着复归于生命，这就是安静品质的可贵之处。

　　"重为轻根，静为躁君""轻则失本，躁则失君"（第二十六章）。"躁胜寒，静胜热，清静为天下正"（第四十五章）。稳重能够克制住轻率，心灵的清净安静能够克制住内心的急躁、

烦躁、暴躁、狂躁。可以想象，当一个人躁动不安，就预示着这个人开始走向失控。失控是很危险的信号，失控可以导致难以想象的后果。所以，内心回归清静无为，这才是人类生命的根本。

六、像水、江海、山谷、女阴、婴儿一样的品质

对道的人文描述越多，大众对道的理解就越深刻。为了帮助人们对道的内涵有更多的切身感受，老子对道的特质和特性采用了拟人化、拟物化的表达方式，这些拟人化、拟物化的描述，刚好可以弥补对道的描述上的不足。老子认为，道像水，像江海，像山谷，像女阴，像婴儿，如果我们对水、江海、山谷、女阴、婴儿的内涵品质有越多的感悟体会，那么，我们对道的理解也会更深刻。

"水善利万物而不争，处众人之所恶，故几于道。"（第八章）水利益万物而不与万物相争，时常处于众人厌恶的地方，因此，水的品性接近道的品性。

"江海之所以能为百谷王者，以其善下之，故能为百谷王。"（第六十六章）

百川之水向下奔流，势不可挡，江海处在百川之下，海纳百川是理所当然。江海不自以为主，不自以为大，甘于处下，看似地势最低处于下风，却反而成就为百川之王。

水与江海一样，同样是不为主，不为大，把自己放在比较低的位置上，甘于居下。甘于居下，预示着胸怀宽广，包容性强，甘于居下正是水以及江海的自然特性之一。越虚己，反而越利己，这是老子重要的哲学思想之一。

"谷神不死，是谓玄牝，玄牝之门，是谓天地根。绵绵若存，用之不勤。"（第六章）

道之虚如同山谷之虚，如同女阴之虚，万物皆从虚中所生，万物皆由虚中所成，虚能生万有。道是天地万物之根源，道之功用绵绵不尽，永无穷尽。正因为道具有虚的特质，所以，它如深渊一般深不见底，它的作用绵绵若存，永不停歇。

在《道德经》中，老子对婴儿的描述也比较多，老子认为，婴儿纯真、原始的状态最接近道的状态。老子在经中多次提及婴儿状态，并表示出高度认同："专气致柔，能婴儿乎？"（第十章）

"我独泊兮其未兆，如婴儿之未孩。"（第二十章）

"复归于婴儿。"（第二十八章）

"圣人皆孩之。"（第四十九章）

"含德之厚，比于赤子。"（第五十五章）

所以，我们应该细心体会婴儿状态的样子，领会婴儿状态的核心所在，这对于提升我们对自然之道的认知很有帮助。

以上就是老子有关道的优良品质和特性的描述。道具有如此之多的优良品质和特性，其中"不为主""不为大"的品质最令我们体会深刻。回想一下，在日常生活中，当我们有点钱，有点权力，或者有点能力的时候，我们在家，在单位，在各种各样的场合下，很多时候会有"为主""为大"的自我感觉，这种感觉会助长我们的自我意识。在自以为主、自以为大的意识下，我们好像很了不起一样，处处自以为是，趾高气扬，以自我喜好来要求身边的人和事。稍微有点不如意，稍微有点不顺心，就会闹情绪甚至大发脾气，这就是"为主""为大"的潜意识在作祟。可以这么说，"为主""为大"的自我意识是导致人类烦恼痛苦的主要根源。如果我们通过学习老子的哲学思想，认识到"为主""为大"的过患，改变"为主""为大"的意识，持有"不为主""不为大"的心态，那么，在每个当下，此时此刻周围的一切是主，我们是客，客随主便，作为客人的我们，就没有了以自己为中心的想法；同时，对周围的人和事就会有更多尊重，更多慈爱，人也会变得宽容很多，身边的人也会获得更多的自由，他们也会由衷地喜欢我们，感激我们。

另外，"常无欲"的品质也令人印象深刻。事实上，欲望同样是人类烦恼痛苦的主要根源，欲望越多，人越贪婪，越容易起争斗，自己过得痛苦，身边的人也会深感压抑而难受；相反，持有"常无欲"的知足心态，人的心胸会变得宽广。如果能够跟一个知足、不争的人一起生活共事，那种轻松愉悦真是难以用语言来形容。

《道德经》问世之后，老子"常无欲"的价值观对道家后人影响深远，其中，有一位不能不提及的道家重要人物葛玄，他将老子"常无欲"的哲学思想继续深化，写成了《太上老君说常清静经》，简称为《清静经》。《清静经》是道家弟子日常诵习的重要功课之一，从开篇的第一句就可以知道，《清静经》是老子自然之道哲学思想的延续。

"老君曰：大道无形，生育天地；大道无情，运行日月；大道无名，长养万物；吾不知其名，强名曰道。夫道者，有清有浊，有动有静；天清地浊，天动地静；男清女浊，男动女静；降本流末，而生万物。清者浊之源，动者静之基。人能常清静，天地悉皆归。"（《清静经》）

"吾不知其名，强名曰道"，就勉强地给它起个名字叫"道"吧！这与《道德经》第二十五章"吾不知其名，字之曰道，强为之名曰大"的表达方式如出一辙，葛玄的这句话标志着《清静经》与《道德经》哲学思想的全面对接。

葛玄在《清静经》里接着说："夫人神好清，而心扰之；人心好静，而欲牵之。常能遣其欲而心自静，澄其心而神自清，自然六欲不生，三毒消灭。所以不能者，为心未澄、欲未遣也。能遣之者，内观其心，心无其心；外观其形，形无其形；远观其物，物无其物。三者既悟，唯见于空；观空亦空，空无所空；所空既无，无无亦无；无无既无，湛然常寂；寂无所寂，欲岂能生？欲既不生，即是真静。真常应物，真常得性；常应常静，常清静矣。如此清静，渐入真道；既入真道，名为得道；虽名得道，实无所得；为化众生，名为得道；能悟之者，可传圣道。"

葛玄认为，人神好清，可惜被心干扰而不能清；人心好静，可惜被欲望牵扯而不能静，怎么办好？方法其实很简单，"常能遣其欲"就能达到"心自静"的境界，常"澄其心"，就能达到"神自清"的境界。心与神是人的根本之处，"神清心静"被誉为道家修行者的最高境界。

葛玄接着说："老君曰：上士无争，下士好争；上德不德，下德执德。执著之者，不明道德。众生所以不得真道者，为有妄心。既有妄心，即惊其神；既惊其神，即著万物；既著万物，即生贪求；既生贪求，即是烦恼；烦恼妄想，忧苦身心；但遭浊辱，流浪生死，常沉苦海，永失真道。真常之道，悟者自得，得悟道者，常清静矣。"（《清静经》）

葛玄的"上士无争，下士好争"，与老子的"上士闻道，勤而行之；中士闻道，若存若亡；下士闻道，大笑之"（第四十一章）一脉相承。葛玄认为，"执著""妄心""著万物""贪求"都是人类"烦恼""忧苦""常沉苦海"的根源，而根源之中的深层原因就是欲望。所以，减少欲望，减少功利，回归清静，是道家修行者修身养性的重要法则。不难看出，《清静经》里的"遣其欲"的修道方法与老子"常无欲"的价值观同出一辙，老子"常无欲"的哲学思想在《清静经》里得到了发扬光大。

历史上，有关老子的生平记载不是很多，用惜字如金来形容都不为过。在对老子哲学思想的梳理中，我们深切地感受到，老子是一个"不为主""不为大"之人，是一个谦虚谦卑之人，是一个虚怀若谷之人，是一个"常无欲"、知足、知止、不争之人，是一个善良慈爱、无私无己无我之人，是一个平静安详之人，老子就是一个圣人。事实上，老子的思想就是自然之道的核心思想，老子的品性就是道的自然本性，老子的行为就是道的行为，老子就是道与德的化身。

第六章
老子思想的核心价值观

第六章论述了传播正确的道德价值观念，即是老子书写《道德经》的主要目的。

在对老子自然之道的探索研究中，我们发现一个现象，大家除了对"道"与"德"两大主题有所侧重研究与解读以外，几乎很少人会对《道德经》的核心价值观进行系统分析研究。大多数研究者都是抽取经中的部分语句进行重点解读，再结合历史故事或者个人感悟加以丰富延伸。在这个过程中，不同的研究者会依据个人感受，抽取不同的局部语句来延伸解读说明。例如，对"上善若水"的解读，水具有"居善地，心善渊，与善仁，言善信，正善治，事善能，动善时"的特性，把水的这些特性逐一解读，并与人的道德行为规范进行比对，从中启发读者找到更多的生活灵感。

事实上，老子在经中的每一句话语，都有着深厚的理论价值，逐章逐句的解读方式是没有太大问题的，遗憾的就是，稍不留神，这种解读方式就会将我们带入局部的思维模式里，用局部的思维模式来看待老子的话语，无疑，老子的这些话语就只会成为局部的片面语言，削弱了老子的整体思想价值。

我们可以细心体会一下，就好像我们依靠触觉来认识一头大象，如果我们之前头脑中没有构建起大象的整体观念，仅仅依靠局部的触碰，我们是无法知道这些局部位置的特殊意义的。欠缺对大象的整体观念，所触碰到的细小部位，就如同盲人摸象一样，如管中窥豹，大大削弱了整体价值，因为这些细小部位与其他动物身上的局部部位没有太明显的区别。

在对《道德经》的探索研究中，我们感觉到，自然之道是《道德经》的重要基础理论，自然之道是一个抽象的概念，如何将抽象的自然之道与人类的世界观、价值观联系在一起？如何将天之"道"与人之"德"联系在一起？如何将"道"的核心与"德"的核心联系在一起？这是一个高深的哲学问题。同时，这也是老子核心思想的关键所在。

《道德经》有具体的核心价值观吗？什么才是《道德经》的核心价值观？这个问题一直盘旋在我的脑海中，无论是在做事情，还是散步走路，我都在琢磨这个问题，终于，我慢慢体会到老子的思想原意，慢慢对老子的核心价值观有了一个大概的认识。

传播正确的道德价值观念，这是老子书写《道德经》的主要目的。"孔德之容，惟道是从"，可以这么说，道在人文层面的所有特质和特性，都是人类学习、效法、遵循的榜样。"道"具有比较多的人文特质和特性，"德"的范畴也比较广阔，究竟哪些才是最核心的部分呢？我体会到，道的人文特质主要体现在"不为主"（"不为主"包含着"不为大"的意思）和"常无欲"这两点，其他相关的特质都是补充部分。所以，与道"不为主""常无欲"的品质相对应的就是"德"的核心。老子的核心价值观可以用通俗的语言归纳如下："不为主、不为大、常无欲"，又或者"不争，随顺自然"；又或者可以用老子的原话来表达，就是"道法自然"；同时，还可以用更高深的语言来表达，就是"无为"。也就是说，"不为主、不为大、常无欲""不争，随顺自然""道法自然""无为"这四种说法都是老子的核心价值观，它们的核心意思有相通之处。

一般来说，站在普通人易于理解的角度，可以用"不为主、不为大、常无欲"以及"不争，随顺自然"的说法；站在圣人、侯王"高大上"的角度，可以用"无为"的说法；站在哲学的高度，可以用"道法自然"的说法。总之，我们可以在不同的环境下，依据个人的使用习惯，或者依据个体的身份，来使用不同的表达方式。通常来说，"不为主、不为大、常无欲""不争，随顺自然"的语言表达偏向大众化，更容易为大众所接受。

我们再次回忆一下，在第二章有关老子的人生故事里，就说到，老子从小就目睹各式各样的"争"与"斗"，在身为朝廷藏书吏的时候，就曾经与当朝太子发生过"争还是不争"的辩论。那次辩论没能从理论高度说服太子，反而被太子讥笑，老子十分扫兴，立志要更加精进地探索研究自然之道，从根本上解决自然之道的哲学理论基础。这次辩论事件犹如催化剂，推动着老子思想的升华，经过不懈的努力，老子得偿所愿，他从最高的天地自然层面构建起哲学思想框架，从根本上解决了所有的现实疑难问题。

老子认为，人类痛苦的根源在于"自"与背"道"而驰。"自"代表着"自我"，代表着"有为"，代表着以自我为中心的刻意

所为，甚至是肆意妄为。"自"常常背离"道"的"不为主""不为大"和"常无欲"的人文特质，背离"道"的结果必然导致自以为是和欲望膨胀，必然带来"争"的行为和想法。"争"就是想方设法地得到自己想要的东西，"争"的手段或方式多种多样，"争"的涉及面涵盖人类所追求的任何东西，包括利益之争，权力之争，土地之争，欲望之争，辩论之争，面子之争，情感之争等，"争"必定带来对立对抗，"争"必定带来怨恨，"争"必定损害彼此关系。"和大怨必有余怨"（第七十九章），"争"的余怨会长期困扰人心，焦虑烦恼的日子让人寝食不安，很不和谐，很不好受。"争"，没有好结局，"不争"好像什么都得不到，究竟是选择"争"还是选择"不争"？人类似乎处于两难的境地。

如果站在狭隘的角度来谈论"争与不争"的问题，估计永远都无法找到正确的答案。唯有站在天地自然的高度，人类才会有所启发，有所认同。老子观察到，道"不为主""常无欲"这两个重要特质决定了道是永远"不争"的。从《道德经》的第二章开始，老子就从不同的侧面，来谈论"不争"的哲学原理。

"万物作焉而不辞，生而不有，为而不恃，功成而弗居。夫惟弗居，是以不去。"（第二章）

这段话的大概意思是：万物因应自然生长，道从不推辞，道生育万物而不据为己有，滋养万物而不自恃，成就万物而不自居有功。正因为不自居有功，所以道永远不会泯灭。不据为己有，不自恃，不自居有功，这就是不为主，不为大，这就是不争。

"天地所以能长且久者，以其不自生，故能长生。"（第七章）

这段话大概意思是：天长地久的真正原因是天地生养万物，从来就不是为了自己而生，正因为天地无私无我，所以才成就了天地的长久。无私、无我、不为主、不自生，这都是天与地的优良品质。

"上善若水。水善利万物而不争，处众人之所恶，故几于道。"（第八章）

这段话的大概意思是：上善若水，水滋养万物而不与万物相争。同时，水性没有分别心，不在乎居于众人厌恶的地方。因此，水性近乎道的自然本性。

"夫唯不争，故无尤。"（第八章）

这段话大概意思是："无"即是道，道即是"无"，唯有不争，才是"道"最上乘的品性。在这里，"无尤"解读为道最上乘的品性。

"生之、畜之，生而不有，为而不恃，长而不宰，是谓玄德。"（第十章）

这段话的大概意思是：道生养万物，却不占为己有，施恩却不自恃有功，助万物生长却不主宰，这些品德称得上是大德。不有，不恃，不宰，不为主，不为大，这就是不争。

"不自见，故明；不自是，故彰；不自伐，故有功；不自矜，故长。夫唯不争，故天下莫能与之争。"（第二十二章）

这段话的大概意思是：不自我表现故能明见事理，不自以为是故能彰显德行，不自吹自擂故能保住"有功"的名声，不骄傲自满故能不断成长，什么都不去争，天下又有谁能与之相争呢！

"大道泛兮，其可左右。万物恃之而生而不辞，功成不名有，衣养万物而不为主。常无欲，可名于小；万物归焉而不为主，可名为大。以其终不为大，故能成其大。"（第三十四章）

这段话的大概意思是：大道不分前后左右广泛地存在着。万物依赖它而生，它却默不作声；万物功成业就，它从不居功占有；它孕育滋养万物却从不自以为主。从"常无欲"的角度来看，可以称呼道为"小"；从万物归附却不自以为主的角度来看，可以称呼道为"大"。圣人效法道，像道一样不自以为主，不自以为大，因此，才成就了圣人的伟大。不为主，不为大，常无欲，必然成就道不争的品性。

"天之道，利而不害。人之道，为而不争。"（第八十一章）

这段话的大概意思是：自然之道，利益万物而不伤害万物，人的处世之道也应该如此，有所作为而不与别人相争。

以上摘录的语句，就是老子在《道德经》中有关天与地以及道"不争"的论述，可以看出，"不争"是"天之道"，"不争"是道的优良品性。道从来"不争"，道生养万物，利益万物，它从来不会与万物斤斤计较，从来不会自恃有功，从来不会自吹自

播，从来不会居功自傲。道默默无声，行不言之教。人类如果认同天地自然为最高参照系，那么，人类就应该理所当然地效法天地，效法自然，即"人法地，地法天，天法道，道法自然"。以自然之道为楷模，学习"道"的"不为主""不为大""常无欲"的品性，放弃"争"的行为和想法，随顺自然。"夫唯不争，故无尤"（第八章），朝着这个"不争"的境界不断前行，总有一天，我们能做到"夫唯不争，故天下莫能与之争"（第二十二章）。

除了在天地自然层面谈论"不争"的现象，老子也站在社会现实层面谈论"不争"的思维模式。老子认为，无论是坏事，还是好事，都有着"其事好还"的现象，也即"以道佐人主者，不以兵强天下，其事好还"（第三十章）。无数的现实例子和生活感受都在告诉我们，以争斗掠夺作为手段，其害无穷。争夺中失去的，失去的人会马上或者等待机会以相同甚至加倍的方式争夺回来。即使因为能力所限而做不到立刻以牙还牙，他们的后辈也会等待时机予以复仇。怎么压制，就怎么反抗；怎么被掠夺，就怎么反掠夺。从长远来说，来来往往，掠夺来的东西丝毫没有增加，却带来了无休无止的争斗，永无宁日，这又何必呢？

"争斗"的反面是"慈爱"，老子反对争斗，同时倡导人们持有慈爱之心。因为，水、道和天地自然都是利万物而不争，利万物而不害。老子在第八章里说："水善利万物而不争"，在第八十一章里说："天之道，利而不害"。水与道，不单只是"不为主""不为大""常无欲"，还有"利万物而不争""利万物而不害"的特质。所以，老子说："我有三宝，持而保之。一曰慈，二曰俭，三曰不敢为天下先。"（第六十七章）细心体会，这三宝都是"道"的优良品质和特性。可以这么说，"利万物而不争""利万物而不害"的品质与慈爱的意思比较接近。

慈爱的重要特质就是付出，心甘情愿地、无我地付出，让对方完全没有感受到压力的付出。慈爱是人类自然本性中的一种美德，有慈爱，就会懂得给予和忍让，你给予我，我给予你，你忍让我，我忍让你，有来有往。从长远来说，自己拥有的东西分毫没有减少，但大家都能感受到温馨愉快，何乐不为？就如同老子在第六十六章里所说，"江海所以能为百谷王者，以其善下之，故能为百谷王。是以圣人欲上民，必以其言下之，欲先民，必以其身后之。是以圣人处上而民不重，处前而民不害。是以天下乐推而不厌。以其不争，故天下莫能与之争"。所以，遵循自然之道，效法自然本性，以慈爱之心、以谦虚谦卑的态度对待身边的人和事，这是人类遵循自然之道的正确方式，也是老子最想看到的现实画面。

老子的哲学思想体现着天地自然与人类的关系，体现着整体与个体的关系，体现着天地自然与人类品德的关系。无疑，天地自然就是整体，它们完全无私无我，处处显现出"不为主""不为大""常无欲"和"不争"的自然本性；与此对应，人类就是个体，人类个体习惯了以自己为中心，以利益为中心，欲望膨胀，处处相争，暴露出人类自身自私自我的习性。所以，个体的自私自我与整体的无私无我形成了强烈的冲突，这些冲突根深蒂固。作为一个平凡人，我们很难一下子接受整体与个体的深层关系。在有限的时间内，单单只是阅读老子的文字，期待马上就能收到成效，期待马上就能做到"不争"的行为，这是不现实的事情。实践是检验真理的唯一标准，最好的方法莫过于理论联系实际，将老子的理论与实践生活相结合，把老子的自然之道哲学思想在实践中加以运用和体会。在实践与体会的过程中，慢慢尝试改变旧有的世界观和价值观，看看这样是否能够帮助我们更好地应对未来的工作与生活。

有读者可能会提出疑问：欲望与自我几乎是人类与生俱来的秉性，或许我们可以压抑情绪建立"不争"的想法，压抑情绪做到"不争"的行为，但心里会因此感到特别难受，特别受折磨。要发自内心地"不争"，要发自内心地"随顺自然"，真正做到"道法自然"，真正做到"无为"，这个难度非常大，"争"，痛苦；"不争"，也痛苦。作为普通人，我们该怎么办？这几乎是每个人都会遇到的现实问题。若要从根本上解决这个问题，唯有依靠真理般的理论基础，建立信仰般的价值观，才能真正化解深层的焦虑情绪。

老子的核心价值观是"不为主，不为大，常无欲"以及"不争，

随顺自然"。天地自然的本性就是"不为主""不为大""常无欲"和"不争",既然人类认同天地自然,那么,人类也应该效法天地自然,像它们一样做到"不为主""不为大""常无欲"和"不争",这方面的哲学原理刚刚在上面的段落中已经有所论述。下面,我们将一起探索研究《道德经》最难理解的部分,即探索研究天地自然"不为主""不为大""常无欲"和"不争"的深层原因。这个深层原因是老子哲学思想的重要理论基础,老子的一切思想都是从这个理论基础演变而来的,这个理论基础就是"道法自然"。在老子哲学思想中,"道法自然"最具哲学高度,"不为主,不为大,常无欲""不争,随顺自然"以及"无为"思想都建立在"道法自然"的基础之上。也就是说,搞清楚"道法自然"的意思,就等同搞清楚老子的核心价值观。

宇宙自然是最大的整体,天与地都是宇宙自然的延伸,在宇宙自然之下,天与地都可以视为是整体的延伸,都可以视为是整体的代表。在宇宙世界里,存在着一个颠扑不破的真理,这个真理是这么说的,"一切事物都是依赖两种或者两种以上元素和合而成",又或者,"一切事物都是依赖因缘和合而成"。这个真理字数不多,但内涵极其丰富。它揭示了宇宙世界的起源,揭示了宇宙世界万物生成的原理，揭示了人世间一切事物与现象的运行法则。它的真理属性光芒闪耀，它的正确性不受时间和空间的限制，不受任何条件的约束限制。

　　老子有一句关于万物生成的经典名言，即"道生一，一生二，二生三，三生万物"。之前章节里都有提及"道即是一"。道即是一，"一生二"即是"道生二"，"道生二"意味着"道"由两种元素所组成，两种元素所组成的"道"成了推动宇宙世界变化发展的动力源泉。细心体会，就会感觉到，老子的万物生成理论与上述"一切事物都是依赖两种或两种以上元素和合而成"的真理意思非常接近。以这个真理作为理论基础展开推导，我们可以很容易就推导出，宇宙以及天与地的起源都是依赖各种各样的元素和合而成，宇宙以及天与地都是依赖各种各样的因缘和合而成。透过这个真理，我们可以看清宇宙世界的本质，宇宙世界以及天与地都没有属于自己永恒不变的东西，因为它们都需要依赖当下此时此刻的自然因素而和合，它们都需要随顺当下的各种因缘，它们都需要"随顺自然"，都需要"道法自然"。总而言之，它们都不能自己主宰自己，它们都是空无自我之本性，用通俗的语言来表达，它们是无我的。老子发现了这个现象，所以，在《道德经》第五章里说，"天地不仁，以万物为刍狗"，以及在第七十九章里说"天道无亲，常与善人"。

　　天与地的本性是无我的，天与地对万物无爱，无憎，无分别，一视同仁，视万物与刍狗无异。老子看到了天地自然"无我"的本质本性，看到了"道法自然"的自然现象，这就是自然之道哲学思想最重要的理论根基，这就是为什么老子在描述人类习性的时候多次使用"自"字。同时，在描述"德"的时候多次使用"不"字。"自见""自是""自伐""自矜""自恃""自居""自有""自贵"等，"自"字代表着"自我"，代表着自以为主，代表着自以为大，代表着分别心。可以这么说，人类的所有不当行为，全部是因为"自"的原因所导致的，"自"的程度越深，习性就越深重。相反，如果朝着"自"的相反方向去努力，朝着"不自见""不自是""不自伐""不自矜""不自有""不自生""不自恃""不自贵""不自居""不为主""不为大""不主宰""不争""无分别"的方向努力，那么，人类就不会那么自私自我，不良习性也会大幅减损，最终"损之又损，以至于无为"（第四十八章）。

确实如此，天与地自始至终都显示着"无我"的自然本性，"生于自然，死于自然，任其自然，则本性不乱。"（出自《史记·孔子世家》）人类是万物中之一物，人类效法天地自然，随顺自然，有着深厚的哲学理论基础，持有这样的见解去解读老子的哲学思想，持有这样的见解去还原老子的哲学思想原意，或许能够理解更多深层次的价值意义。

可以看到，在上述有关"不争"的句子中，天地与道的无我本性已经暗藏其中。再次重温老子的经典句子："为而不恃，功成而弗居""天地所以能长且久者，以其不自生，故能长生""上善若水。水善利万物而不争，处众人之所恶，故几于道""生之、畜之，生而不有，为而不恃，长而不宰""不自见，不自是，不自伐，不自矜""衣养万物而不为主""万物归焉而不为主"。这些话语都在暗中表达着一个核心意思，天地以及道，它们都是无我、无分别的，它们没有一丁点自私自我的成分。同时，天地与道都是顺应自然的变化而变化的，都是无我地顺应自然的，都是无我地道法自然的。宇宙天地正是在各种各样自然因素相互作用下，才成就了宇宙的伟大，成就了天与地的伟大，成就了"道"的伟大。

自然世界是整体，它是无我的；人类是个体，它是自我的。站在哲学的高度来看，个体臣服整体，个体尊重整体，个体回归整体，这是宇宙自然规律。作为整体的天地自然，作为整体的自然之道，它们与生俱来就具有无我地随顺自然的本性，与生俱来就具有无我地随顺当下因缘的本性。人类是万物中之一物，作为天地自然后来者的人类，我们有什么理由不去效法天地自然呢？有什么理由不去效法自然之道呢？有什么理由不去随顺自然、随顺因缘呢？

在《道德经》里，老子揭示了天地自然以及自然之道的自然本性，论述了遵循自然本性的各种益处。同时，他也指出以自己为中心的自私、自利、自我的弊端。在整体与个体、无我与自我、"无为"与"有为"、益处与弊端的对比过程中，老子劝导人们要遵循自然之道，效法自然本性，尽量放下自私自我，减损各种欲望，这方面的劝导语句贯穿在《道德经》中的不同章节里。

"持而盈之，不如其已。揣而锐之，不可长保。金玉满堂，莫之能守。富贵而骄，自遗其咎。功遂身退，天之道。"（第九章）

"五色令人目盲，五音令人耳聋，五味令人口爽，驰骋畋猎令人心发狂，难得之货令人行妨。"（第十二章）

"宠辱若惊，贵大患若身。何谓宠辱若惊？宠为下，得之若惊，失之若惊，是谓宠辱若惊。何谓贵大患若身？吾所以有大患者，

为吾有身。及吾无身，吾有何患！"（第十三章）

"不知常，妄作，凶。"（第十六章）

"自见者不明，自是者不彰，自伐者无功，自矜者不长。其在道也，曰余食赘行。物或恶之，故有道者不处。"（第二十四章）

"强梁者不得其死，吾将以为教父。"（第四十二章）

"名与身孰亲？身与货孰多？得与亡孰病？是故甚爱必大费，多藏必厚亡。"（第四十四章）

"祸莫大于不知足，咎莫大于欲得。"（第四十六章）

"为学日益，为道日损。损之又损，以至于无为，无为而无不为。"（第四十八章）

"知不知，上矣；不知知，病。"（第七十一章）

老子告诫人们，自以为是，自鸣得意，自吹自擂，居功自傲，骄傲自满，夸夸其谈，欲望膨胀，患得患失，上述这些行为全部都属于自私自我的"有为"范畴，这些自我习性与道的自然本性相背离，与"无为"相背离。这些行为预示着我们的主观意志正强加在自然客观规律之上，预示着个体与整体正发生对立对抗，预示着个体与周边的某些人和事正发生对立对抗。这样，事情就会变得不和谐，自身也会变得烦恼痛苦，各种各样难以预测的不愉快事情也会陆续出现。

"上士闻道，勤而行之"，如果世人能够认识到自然之道的自然常理，能够认识到自然之道的神奇妙处，奉行自然之道，遵循自然之道，那么，我们自私自我的欲望就会一天一天减损，私欲减损再减损，就会上升到"无为"的圣人境界。

"无为"意味着放下自己的主观意志而遵循自然规律和遵循

自然本性，与"无为"对应的就是"有为"，"有为"意味着以自己的主观意志来改变自然规律和违背自然本性。事实上，任何改变自然的行为都会招致麻烦或者祸害。"无为"思想是老子的核心价值观，"无为"顺应自然规律、顺应自然本性而不妄为，无为，无所不为。

最后，可能会有读者提出疑问，老子说的"随顺自然"，与佛家说的"随顺因缘"，它们是同一回事吗？

这个问题问得好，"随顺自然"与"随顺因缘"，两者文字各自传递的意思虽然会有少许差异，但总的来说，两者意思基本一致。随顺自然或者随顺因缘，并不是什么都不做、什么都不努力。其实，这两句话所要表达的意思既积极又丰富，它就是希望世人能学会接受与承认当下的自身现实状况。因为，当下代表着整体，接受承认当下，就等同个体自我接受承认整体。我们可以想象一下，当我们对当下现状不满的时候，第一反应就是闹情绪，少许情绪尚可以接受，但假如情绪高涨以致失控，那么，所有难以想象的事情都有可能发生，这样，情况只会变得更糟糕。所以，接受与承认当下自身现实状况，可以确保我们继续保持冷静的心态以应对当下发生的事情，冷静的心态可以帮助我们走出困局。另外，它还有着很多其他方面的积极性，它告诉我们不要过多埋怨外在的因素，因为造成当下现实状况的外在因素也是由很多难以把控的因素和合而成，面对外在不断变化的环境，改变我们自己比改变外在因素要更有效果。它还告诉我们，当下发生的现实状况并非完全是外在因素造成的，很有可能是由我们自己内在的直接原因所造成的。想要改变现状，就要从改变自身开始。再有，

它告诫我们，不要埋怨，不要愤怒，不要沮丧，不要往外推卸责任，不要过多关注别人，不要与别人攀比，不要有不公平的感觉，只需要将注意力专注于当下发生的事情上，做好当下的每件事情，自然而然，现状就会慢慢好转。"随顺自然"或者"随顺因缘"，就是要鼓励人们视当下为整体，放下情绪，放下自我，并及时觉察，及时反省，尽量活在当下，尽量做到顺应自然规律和顺应自然本性。这简简单单的几个字，传递着积极向上的正能量。

　　"随顺因缘"的反面就是"攀缘"，"自我"与"攀缘"的关系密不可分，如影随形。"自我"是形，"攀缘"是影，有"自我"必有"攀缘"，有"攀缘"必定伴随着"自我"。所以，攀缘也是一切烦恼痛苦的根本。"何谓病本？谓有攀缘。从有攀缘，则为病本"。相比而言，"随顺自然"和"随顺因缘"都属于"无我"的范畴，都是"有为"与"攀缘"的对立面，都是对治人类烦恼痛苦的有效方法，这正是"随顺因缘"与"随顺自然"的核心价值所在。

　　禅宗祖师达摩在他的著作《二入四行论》中，对"随顺因缘"的修行法门也有所论述。达摩祖师说，"夫入道多途，要而言之，不出二种。一是理入，二是行入"，其中行入的第二种方法就是随缘行。达摩祖师是这么说的："众生无我，并缘业所转，苦乐齐受，皆从缘生。若得胜报荣誉等事，是我过去宿因所感，今方得之，缘尽还无，何喜之有。得失从缘，心无增减，喜风不动，冥顺于道，是故说言随缘行。"从达摩祖师的话语中不难看出，世间一切事物与现象都是无我的，都是由缘所生的，包括我们自己，也是无我的，由缘所生的。因此，得失从缘，缘尽还无，随顺因缘，随顺自然规律，随顺自然本性，做到"心无增减"，以平和安详的心态应对现实生活中变幻莫测的复杂问题。

第七章 『无为』与治国之道

第七章分析了君主如果推崇自然之道，效法自然之道，遵循自然之道，其所产生的影响力，将比个体普通老百姓强大很多，效果也会更明显。

老子在朝廷担任藏书吏一职长达二十年，在近二十年的光阴中，老子经历过无数次大大小小的军事冲突，目睹各种各样的权力利益争斗，看到了国家田地荒芜、百姓民不聊生的景象，看到了权贵骄横跋扈、目中无人的行事方式，看到了一国之君沉湎私欲、疏于国家管治的现象。老子看在眼里，痛在心底。

二十年朝廷任职期间所经历、所观察到的各种各样不和谐的事件，都是老子加快书写《道德经》的催化剂。我们看到，在五千言《道德经》当中，有不少内容是有关朝政的所见所闻，并且，有比较多的篇幅是谈论君主的治国方略。很明显，老子忧国忧民，老子的《道德经》既是为有识之士而写，更是为君主而写。

君主是一国之君，管理着国家事务，管理着军队，管理着文武百官，管理着辖下的所有百姓。相对百姓个人来说，国家就是一个整体，而君主就是国家整体的延伸代表，君主与百姓的关系，就是带领与跟随的关系。所以，在百姓眼中的君主，他是国家整体的代表，他是百姓眼中的榜样，也是百姓效法的对象。君主的品性影响着跟随者的品性，也决定着国家的管治质量。毫无疑问，君主推崇自然之道，效法自然之道，遵循自然之道，其所产生的影响力，远比个体普通老百姓强大得多，收效也会更明显。因此，老子毫不吝啬笔墨，在有关治国之道的论述上不遗余力。

既然老子这么重视君主的治理之道，说明《道德经》的价值也在这里，作为老子的崇拜者，肯定也不能忽略这个关键点。下面，就老子的治国之道展开探索研究，希望这些探索研究能够接近老子的思想原意。

站在哲学的高度来看，老子的核心价值观是"道法自然"；站在普通人易于理解的角度来看，老子的核心价值观是"不为主""不为大""常无欲"和"不争，随顺自然"；而站在圣人、君主的"高大上"角度来看，老子的核心价值观就是"无为"。也就是说，人类在自然的框架下为人处事行事，这个就是"无为"。

老子对"无为"思想非常看重，老子推广"无为"思想的主要对象就是圣人和君主。如果"无为"思想能够被君主采纳，如果"无为"思想能够成为治理国家的有效方法论，"上士闻道，勤而行之"，无疑，《道德经》的实践价值将会得到大幅提升。

古时候的中国，对于一国之君的称呼方式非常多，有君主、君王、圣上、皇帝等尊称。可能是春秋战国年代称呼习惯的原因，老子好像从来就没有在《道德经》里出现过"君主""君王"的称呼，反而"圣人"两字出现次数最多；其次就是"侯王"两字。在经中，"圣人"似乎就是地位最高者、智慧最高者、品德最高者的代名词，显然，"圣人"称呼适用于一国之君。

"道常无为而无不为。侯王若能守之，万物将自化。"（第三十七章）侯王若能遵循自然之道，守持"无为"的行事方式，那么，万物将按照自己的方式自然运化。由此可知，"无为"思想对于君主、侯王、圣人来说有着非比寻常的意义。为了确立"无为"价值观的重要性，老子在不同的章节里多次谈论"无为"。下面，我们来看看"无为"思想在《道德经》里是如何一步一步向前推进的。

在第一章里，老子就给"道"起了一个名字，叫作"无"，"无名天地之始；有名万物之母"。从第一章开始，老子就给我们建立起一个认知："无"即是道，道即是"无"；顺应道、顺应自然的行为即是"无为"。

在第二章里，老子开始正式使用"无为"两字，暗示"无为"的行事方式是圣人的标配，"是以圣人处无为之事，行不言之教"。

在第三章里，老子接着使用"无为"两字，说明"无为"的妙处益处所在，"为无为，则无不治"。

在第十章里，老子用疑问句的方式表达了"无为"与通达事理、大彻大悟之间有着密切的关系："明白四达，能无为乎？"

在第三十七章里，老子再次使用"无为"两字，谈论"无为"对于侯王的重要性，"道常无为而无不为，侯王若能守之，万物将自化"。在古代，侯王独当一面，管理着军队和百姓，侯王与君主几乎就是相同的意思，称得上是国家整体利益的代表。

在第三十八章里，老子表达了"无为"是人类最上乘的品德，"有为"反而是下德，"上德无为而无以为；下德为之而有以为"。

在第四十三章里，老子再次谈及"无为"的妙处益处，同时也对社会现状表示出了深深的遗憾。因为，天下很少人对"无为"的益处有所认识，"吾是以

知无为之有益。不言之教，无为之益，天下希及之"。

在第四十八章里，老子认为，"无为"境界对于圣人来说非常重要，它关乎国家的命脉；同时，老子指出了达到"无为"境界的方法，就是不断减损欲望。"为学日益，为道日损。损之又损，以至于无为，无为而无不为。取天下常以无事，及其有事，不足以取天下。"

在第五十七章里，老子谈到圣人"无为"处事的重要性。国家的兴衰，民族的富强，关键就看圣人能否处事"无为"。"以正治国，以奇用兵，以无事取天下""故圣人云，我无为而民自化，我好静而民自正，我无事而民自富，我无欲而民自朴"。

在第六十三章里，老子重点谈及"无为"思想的核心要领是尽量没有分别心。"为无为，事无事，味无味"。细心体会，就会发现，这三个短句刚好与前面章节的一些句子形成相互呼应，"为无为则无不治"（第三章）、"取天下常以无事"（第四十八章）、"道之出口，淡乎其无味"（第三十五章），这些句子都表明，当我们处理事情的时候，要尽量没有分别心。"无为"既可以理解为"无我、无分别的自然行为"，也可以理解为"顺应道、顺应自然的行为"。

在第六十四章里，老子谈论了"有为"的弊端与"无为"的益处，"为者败之，执者失之。是以圣人无为，故无败；无执，故无失"。

在第八十一章里，老子将"道"与圣人的关系再次联系起来并加以比对，指出圣人应该效法天地自然，做到为而不争，"天之道，利而不害。圣人之道，为而不争。"

毫无疑问，"无为"是圣人的核心价值观。那么，在具体行为上，什么是"无为"？在管理国家的具体事务上，"无为"思想是如何体现的？"无为"价值观是如何与实践相结合的？这些都是摆在圣人面前一个又一个非常现实的问题。因此，老子花费了很多笔墨做了详细的解释和说明。

首先，在心的层面上，圣人应该摆正自己的心态，这是一个形而上的哲学问题，也是根本性的核心问题。

应该持有什么样的心态呢？老子对此做出了深刻的剖析。作为一国之君，作为百姓之王，要懂得"高下相倾"（第二章），以及"贵以贱为本，高以下为基"（第三十九章）的道理。圣人的高贵是以百姓为基本的，圣人地位之高是以百姓为根基的，圣人要懂得百姓才是国家的根本，千万不要盛气凌人而为所欲为。

想国家长治久安，圣人就要在内心层面效法天地的人文特质。正如"天长地久。天地所以能长且久者，以其不自生，故能长生。"（第七章）天地之所以长长久久，就在于天地的无私。"是以圣人后其身而身先，外其身而身存。非以其无私邪？故能成其私。"（第七章）如果圣人效法天地，像天地一样做到不自生、不自私，把自身的利益放在众人之后，大家肯定就会乐于把他推到前面。圣人把自己利益置于最后，最终反而成全了自己。

除了效法天地不自私、不自生的人文特质，圣人也要效法江海"善于处下"的人文特质。"江海所以能为百谷之王者，以其善下之，故能为百谷王。"（第六十六章）江海善于处下，因此能百川归海，成就为百川之王。如果圣人像江海一样，懂得放下身段，善于处下，言语谦逊，把自身利益放在百姓之后，这样，圣人在上，百姓也不会感到有沉重的压力；圣人在前，百姓也不会感到有所危害，天下百姓都乐于推举他而不会感到厌烦。

"是以欲上民，必以言下之；欲先民，必以身后之。是以圣人处上而民不重，处前而民不害，是以天下乐推而不厌。"（第六十六章）

圣人在关注民生、关爱百姓的事情上要不遗余力，以百姓利益为中心，以百姓之心为心，"圣人无常心，以百姓心为心"（第四十九章）。同时，圣人遵循天地自然之道，圣人之心跟随天地自然本性，做到既无我又无分别，以无我无分别之心为心，"天地不仁，以万物为刍狗；圣人不仁，以百姓为刍狗。"（第五章）也就是说，圣人效法天地，对待百姓一视同仁。善良的百姓用善良来对待他，不善良的百姓也用善良来对待他，这样，他们就会被善良感化，大家都变得善良起来。同样，诚信的百姓跟他讲诚信，不诚信的百姓也跟他讲诚信，这样，他们也会被诚信感化，大家也都变得诚信起来。"善者，吾善之；不善者，吾亦善之，德善。信者，吾信之；不信者，吾亦信之，德信。"（第四十九章）

正如在第二十七章里所说，"是以圣人常善救人，故无弃人"，以及在第六十二章里所说"人之不善，何弃之有"一样，圣人对待百姓就是要做到不离不弃，时时刻刻心系百姓利益，做到处处为百姓着想。看到百姓遭受饥荒，就要知道可能是赋税太多所致；看到百姓难于管治，就要知道可能是政令繁苛、刻意有为所致；看到百姓轻生舍命冒死，就要知道可能是搜刮民脂民膏

所致。百姓生活艰难，相比之下权贵生活糜烂，百姓的未来毫无希望可言，轻生求死又算得了什么呢？"民之饥，以其上食税之多，是以饥。民之难治，以其上之有为，是以难治。民之轻死，以其上求生之厚，是以轻死。"（第七十五章）

所以，圣人要善于观察社会现象，看到农田荒芜，粮仓空虚，百姓饥饿，权贵之人反而肆无忌惮侵吞财物，还锦衣华服，花天酒地，出入佩带利剑，就要知道，这些都是盗贼所为啊！不符合天道啊！是时候醒悟啊！"朝甚除，田甚芜，仓甚虚。服文采，带利剑，厌饮食，财货有余，是谓盗夸。非道也哉！"（第五十三章）

要成为称职的圣人确实不容易。什么样才算是一个称职的圣人呢？什么样又算是一个不合格的圣人？老子站在百姓的角度，给出了答案。

如果圣人的存在没有干涉影响到百姓的日常生活与工作，百姓仅仅知道他的存在，"下知有之"，这是最上乘的圣人；如果圣人的威望影响到百姓的日常生活与工作，百姓得到圣人的恩惠，要主动亲近圣人，赞誉圣人，这样的圣人就略逊一筹；如果百姓畏惧他的政令，畏惧他的为人，那就属于再差一点的圣人；如果百姓轻视他，藐视他，那么，他就属于最差的圣人。圣人最忌讳出尔反尔，失去了诚信，百姓就不会相信他，事情就不好办了，国家管理就麻烦大了。"太上，下知有之。其次，亲而誉之。其次，畏之。其次，侮之。"（第十七章）

可以这么说，圣人在奉行"无为"治国思想的实践过程中荆棘满途，并非一帆风顺，有很多看似简单的事情，里面暗含着复杂的元素。圣人要善于观察，从一些表面现象中看到问题的核心，不断提升看穿事物本质的能力，提升自我觉察和观察能力，把不畅顺的管理局面一步一步扭转过来。

一般来说，缺失什么，社会就提倡和鼓励什么。"仁义"是世人公认的好品德，而好品德的提倡和鼓励是有背景衬托的，这个背景就是世人的道德价值观念开始走下坡路，"大道"遭遇到社会抛弃，这个时候，讲"仁"讲"义"必然成为一种社会风气。另外，谋略智慧的出现也是有背景衬托的，"大道"思想全凭身体本能和随顺自然，不需要过多的技巧谋略。相反，自私自我习性最讲究技巧谋略智慧，技巧谋略智慧越活跃，人的私心就越泛滥。所以，技巧谋略智慧的出现必然伴随着伪诈的出现。同样的道理，忠臣的出现同样也是有背景衬托的，只有在奸臣大行其道的时候，才会出现忠臣，忠臣的出现意味着奸臣异常活跃，预示着国家或许已经陷于混乱之中。作为圣人，要懂得观察事物的表面现象，看到问题的本质，这样，才不会被各种各样的表面现象所迷惑。"大道废，有仁义；慧智出，有大伪；六亲不和，有孝慈；国家昏乱，有忠臣。"（第十八章）

老子对"无为"的思想有着深刻的体会，对社会风气与现象有着自己独到的见解。老子认为，圣人要以身作则，做到"无为"，还要将"无为"思想落实到百姓层面和社会层面。

"无为"就是要做到无我、无分别的自然行为。"不尚贤，使民不争；不贵难得之货，使民不为盗；不见可欲，使民心不乱。"（第三章）圣人"无为"，上行下效，社会风气就会和谐融洽。舍弃智巧、仁义的分别心，就是"绝圣弃智"，就是"绝仁弃义"；

舍弃以金钱利益为中心，就是"绝巧弃利"；舍弃以欲望为中心，就是"见素抱朴，少私寡欲，绝学无忧"。这就是老子以"无我无分别"的"无为"思想来净化社会"自私自我"风气的方法论。

"绝圣弃智，民利百倍；绝仁弃义，民复孝慈；绝巧弃利，盗贼无有。此三者，以为文不足，故令有所属，见素抱朴，少私寡欲，绝学无忧。"（第十九章）

"无为"的反面就是"有为"。"有为"就是以自己为中心的自私行为，就是人为的刻意所为，人为的肆意妄为。这些行为最大的特质就是追求欲望，追求利益，追求自己喜欢的东西，谋求自私自利自我。老子看到了这些问题的关键所在，倡导"无为"思想，倡导效法自然之道，倡导少私寡欲，并以此来化解人类社会的自私自我。老子以"无为、无我"为蓝图，描绘了一幅温馨的百姓生活画面，"甘其食，美其服，安其居，乐其俗"，生活简单，社会和谐安详，人们知足常乐。"小国寡民。使有什伯之器而不用，使民重死而不远徙。虽有舟舆，无所乘之；虽有甲兵，无所陈之；使民复结绳而用之。甘其食，美其服，安其居，乐其俗。邻

国相望，鸡犬之声相闻，民至老死不相往来。"（第八十章）

在处理国家军事方面，圣人同样要处处为百姓着想，"以百姓心为心"（第四十九章）。因为，军队征战所到过的地方，百姓房屋破败，田地荆棘丛生。尤其是双方交战之后，一定会出现饥荒之年，受苦受害的最终还是老百姓。所以，那些以自然之道思想辅助圣人的幕僚，记得千万不要鼓吹和怂恿圣人穷兵黩武，"兵者，不祥之器"（第三十一章），一旦用兵，即是不祥之兆。另外，军事冲突之后双方寻求谈判，好像和解了大的怨恨，好像一切都归于平静，但事实并非如此，"和大怨，必有余怨"（第七十九章），没有化解的怨恨依然会成为下一次冲突的导火索。"以道佐人主者，不以兵强天下，其事好还。师之所处，荆棘生焉。大军之后，必有凶年。"（第三十章）

双方有了冲突，实在逼于无奈，而要选择用兵力解决问题，圣人也要处处为士兵着想。因为，士兵来源于百姓，为士兵着想就是为百姓着想。行军打仗之时，要谨慎为上，"重为轻根，静为躁君"（第二十六章），"轻则失本，躁则失君"（第二十六章）；不要轻敌，不要轻举妄动，"祸莫大于轻敌，轻敌几丧吾宝"（第六十九章）；同时，尽量避免与对方正面交锋，因为正面交锋会造成士兵死伤无数。要静观其变，避敌锋芒，甚至以退为进。"吾不敢为主，而为客；不敢进寸，而退尺"（第六十九章），运筹帷幄，方能决胜千里之外。"善为士者不武，善战者不怒，善胜敌者不与"（第六十八章），不战而屈人之兵，这才是王者之道。用兵贵奇，出其不意，攻其不备，"以奇用兵"（第五十七章），可以让我方人员的损失减少至最低。

双方正式交火，死伤必然惨重。胜者为王，败者为寇，谨记胜败乃兵家常事，胜者不要洋洋得意，不要骄傲狂妄，因为，胜利是以牺牲士兵生命为代价的。与此同时，圣人要心怀慈悲，即使打了胜仗归来也要低调处理，"战胜以丧礼处之"（第三十一章），千万不要大肆庆功，铺张浪费。总之，"物壮则老"（第三十章），物极必反，盛极必衰。"故物，或损之而益，或益之而损"（第四十二章），圣人留有余地，方能长治久安。

面对粮仓空虚，百姓饥荒，权贵却花天酒地生活糜烂。同时军事冲突不断，朝政一片混乱，现状堪忧，怎么办才好？老子从事物变化发展的角度，给圣人开出了治理良方。

合抱的大树，生长于细小的萌芽；九层的高台，筑起于一堆一堆泥土；千里的远行，是从脚下每一步积累而来。圣人要知道，国家治理过程中的种种问题与困局都并非一日形成，都是长期管理不善所导致。"合抱之木，生于毫末；九层之台，起于累土；千里之行，始于足下。"（第六十四章）

事情在细微之时，在脆弱之时，解决问题的难度都不大，事情还不算太糟糕的时候，还有起死回生的可能；如果病入膏肓，神医再世也回天乏术。

"其安易持，其未兆易谋，其脆易泮，其微易散。"（第六十四章）

所以，圣人要时常警醒，及早觉察问题所在，"为之于未有，治之于未乱"（第六十四章），将祸患消灭在萌芽阶段，将混乱的局面一步一步扭转过来，这是圣人的职责所在。

在国与国之间的外交上，圣人要保持谦下的处事原则，要奉行以和为贵的思想。如果是大国之君，就要以谦下的态度对待小国，这样就可以取得小国的信任和支持；如果是小国之君，同样要以谦下的态度对待大国，这样才可以获得大国的保护。大国所求的不过是得到团结和兼容，小国所求的不过是得到庇护和支持。大国小国，各得其所，尤其是大国，更应该甘于处下和谦下。"大国者下流。天下之交，天下之牝"（第六十一章），"故大国以下小国，则取小国；小国以下大国，则取大国。故或下以取，或下而取。大国不过欲兼畜人，小国不过欲入事人，夫两者各得其所欲，大者宜为下。"（第六十一章）

在管理和使用粮食物资的事情上，"是以圣人终日行不离辎重"（第二十六章）。粮食物资是国家的根本，治理国家离不开粮食物质，更离不开节约节俭。不要低估节俭的美德，它的作用和力量非常强大，节俭可以兴邦，节俭是立国之本，节俭是国家根深蒂固、长治久安的基石。"治人事天莫若啬。夫唯啬，是谓早服，早服谓之重积德，重积德则无不克，无不克则莫知其极，莫知其极，可以有国。有国之母，可以长久。是谓深根固柢，长生久视之道。"（第五十九章）就正如老子在第六十七章里所说的"我有三宝，持而保之。一曰慈，二曰俭，三曰不敢为天下先"一样，节俭就是遵循自然之道，节俭就是"重积德"。与之相比，浪费就是最大的可耻，浪费动摇了治国的根基，圣人一定要心中有数，不能掉以轻心。

圣人作为朝廷的统帅，一定要身体力行，做好表率，遵循自然之道，"希言自然"（第二十三章），"虽有荣观，燕处超然"（第二十六章）。同时，减少对百姓的干预，减少各种苛捐杂税，

少发号施令，不去剥夺百姓的财富，提倡节俭思想，不去建造亭台楼阁，不去花天酒地，减少各种欲望，让百姓充分发挥自己的主观能动性，让社会回归到自然而然的次序之中。

"其政闷闷，其民淳淳；其政察察，其民缺缺"（第五十八章），道的运用深奥而微妙，朝政看起来明察秋毫、红红火火，结果百姓的生活却是水深火热；朝政看起来平淡无奇，结果民风淳朴自然，百姓生活优渥。

作为圣人，应时时刻刻三省其身，"为学日益，为道日损。损之又损，以至于无为，无为而无不为"（第四十八章），时常约束自己的日常行为，时常减损自己的非分之想，遵循自然之道，顺应事物的变化规律，顺应事物的自然本性，最终到达"无为"的境界。"我无为而民自化，我好静而民自正，我无事而民自富，我无欲而民自朴。"（第五十七章）

在老子看来，"无为"，看似复杂，其实也挺简单，就像烹煮小鱼一样，不要用手来回搅动太多，因为多搅小鱼易烂，甚至一团糟。掌握烹饪方法，放好调料，慢慢烹煮，反而就成了。治理国家同样如此简单，"治大国若烹小鲜"（第六十章），治国讲究顺应自然之道，顺应自然规律，顺应事物的自然本性，不随意扰民，不乱折腾，不过多发布政令，合理布局，无为而治。圣人秉承自然之道思想治理国家，既"无为"又做到"无所不为"，轻轻松松带领国家回归自然次序，社会风气和谐融洽，国家昌盛繁荣。

以上部分就是老子有关"无为"治国思想的详细论述，可以看出，老子的"无为"思想由浅入深，层层推进，环环相扣。

最后，为了帮助大家对"无为"概念有更多的认识，我们来看看老子在《道德经》中有关"有为"的句子是怎么陈述的。

在第二十九章里说："将欲取天下而为之，吾见其不得已。天下神器，不可为也。为者败之，执者失之。"

这个句子可以这么去解读：想要治理天下，却用"有为"的方法去做，我看他是行不通的。天下是神圣的东西，不能凭自己的主观意愿任意妄为。用"有为"的方式治理天下肯定会失败，用"有为"的方式执著地把持肯定会失去。

在第三十八章里说："上德无为而无以为；下德为之而有以为。"

这个句子可以这么去解读：上德之人顺应自然之道无为而为，下德之人按照自己的意思有心作为。

在第四十八章里说："取天下常以无事，及其有事，不足以取天下。"

这个句子可以这么去解读：治理天下应该奉行"无为"的处事方式，如果以"有为"的方式处理事务，那是很难治理好天下的。在这里，"无事"与"无为"意思相近，"有事"与"有为"意思相近。

在第五十七章里说："以无事取天下。"

这个句子可以这么去理解："无事"，以"无为"的方式来处事，"无为"与"无事"意思相近。"无事"意味着遵循自然之道，不扰民，不制造事端。"以无事取天下"，即是以无为思想来治理天下。

在第七十五章里说："民之难治，以其上之有为，是以难治。"

这个句子可以这么去解读：百姓之所以难以治理，是因为执政者采用了"有为"的处事方式，所以才难治。

在《道德经》里，老子并没有对"有为"概念进行解释，但从"无为"的反面就是"有为"这个逻辑关系去理解，就可以大概得出这样一个结论："有为"的意思是指站在自己的角度，按照自己的意愿而刻意所为，"有为"就是违背自然之道、违背自然规律、违背自然本性的行为。所以，"无为"与"有为"，就是以是否遵循自然之道，是否遵循自然规律，是否遵循自然本性为衡量标准，遵循道就是"无为"，背离和违背道就是"有为"。同样，老子多次提及"无事"与"有事","取天下常以无事，及其有事，不足以取天下"（第四十八章）、"以无事取天下"（第五十七章）、"我无事而民自富"（第五十七章）、"为无为，事无事，味无味"（第六十三章）等。另外，老子也多次提及"自"与"不自"，"自"即是自我，"不自"即是无我。不难看出，以"无为"准则处事即是"无事"，以"有为"准则处事即是"有事"；以"无我"准则处事即是"无为"，以"有我"准则处事即是"有为"。由此看来，"无为"与"无事""无我"的意思近似，"有为"与"有事""有我"意思近似。我们对"无事""有事""无我""有我"的体会越深刻，对"无为""有为"的体会也会更到位。

"无为"思想是老子自然之道哲学体系的核心思想，看似简单其实非常难做到，我们试着想想，要做到事事遵循事物的自然规律，谈何容易？要做到事事顺应事物的自然本性，谈何容易？要时常做到"无我""无分别"地处理事情，谈何容易？所以，"无为"的境界是很高很高的，值得我们用一生的时间去体验、体悟和实践。

在本章快要结束的时候，可能会有读者提出质疑：道家或者佛法的修行者，平时的生活和工作只是专注于修行和布道，在这种情况下做到"无为"，应该还是有可能的；但作为一国之君，要面对文武百官各种各样的权力利益争斗，要管理着辖下庞大的经济利益体系，在这种情况下，要做到真正的"无为"，似乎没有太大的可能性。

从绝对究竟的角度来看待这个问题，读者的质疑是有道理的。在这里举一个例子，看看古代的圣人是如何处理类似事情的。也是在约二千五百年前，印度出了一个非常有名的圣人，他叫佛陀。佛陀出家修行期间，有一些小国的君主看好佛陀的品性和智慧，都邀请佛陀留下来帮忙治理国家事务，但是，佛陀一一拒绝了君主的请求；还有，当年佛陀回自己的国家看望父王和亲人，父王同样提出邀请佛陀留下来治理国家的想法，佛陀同样予以拒绝。佛陀拒绝请求，一方面是由于价值观的原因，另一方面也可能包含了佛陀的一些顾虑。佛陀在出家前也曾经感慨，即使自己继承王位，在错综复杂的权力利益斗争中，自己也会深陷其中而无能为力。

与佛陀的顾虑相同，身为君主，面对大小官员及各种各样的权力利益安排，面对庞大的经济利益体系，面对各种各样的军事冲突和天灾人祸，难免深陷其中而不能自拔，要做到真正的"无为"，要做到"不为主""不为大""常无欲"，要做到"无我""无分别"，这似乎是不可能的事情。所以，在这里，我们需要建立一个认知，"无为"思想只是君主治国的大方向，是否百分之百做到"无为而治"，这个不是最重要的，自始至终保持着"以百姓之心为心"，并朝着"无为"的方向而不断努力，这个才是最重要的。能够做到这点，就是老子心目中的好君主，好圣人！或许，以这样的角度去理解"无为"与治国之道，会更合乎情理一些。

第八章

还原老子的哲学思路

第八章将自然之道作为人类效法的参照物，以道的自然规律作为人类遵循的法则，将道的优良特质和特性作为人类的道德规范指南。同时，借用道的玄妙变化规律，看清事物表面与真实的关系，从而改变人类惯有的价值观念，为人类建立起一套行之有效的「道法自然」的思想体系，这或许就是老子思想哲学思路的真正原意。

精神与物质是什么样的关系〔"名与身孰亲？身与货孰多？得与亡孰病？"（第四十四章）〕，思想与行为如何协调统一〔"载营魄抱一，能无离乎？"（第十章）〕，人类应该建立什么样的世界观与价值观，这些都是亟须思辨的抽象问题，这些都属于哲学层面的范畴。老子研究的正是这个人类最切身感受，同时又最深奥的主题。

自然世界的真实样子是什么样的？有上帝或者神的存在吗？自然世界与人类之间有着什么样的逻辑关系？自然世界的模式可以转化为人类社会的行动指南吗？人类可以效法天地自然吗？历经几十年的探索研究以及亲身体悟，老子终于看清了这些问题的本质。他将这些难以言说的抽象问题一步一步具象化，并上升到哲学层面加以总结和论述，写成《道德经》，形成了可供人类效法的自然之道方法论。由此，老子赢得了"中国哲学鼻祖""中国哲学之父"等众多美誉。

略显遗憾的是，老子的《道德经》，因为世世代代反复传抄而造成原作部分缺失，甚至笔误，又因为后来者受困于种种局限而无法全面理解老子的真实原意。更遗憾的是，九十岁高龄的老子书写完《道德经》后就越过函谷关，正式开启自己的新生活，从此消失在大众的视线范围中。从《道德经》面世开始，没有人再有机会听闻到老子的声音，没有人再有机会听闻到老子的传道和释疑。版本的缺失，加上后人各执一词的解读方式，使得老子的自然之道思想比较零散，没能形成一套公认的、系统的、完整的哲学思想体系，这是非常可惜的事情。

历史已经无法回到过去，来自不同角度的解读似乎好像都有道理。就目前来看，我们已经很难回到老子的哲学高度而系统、全面地建立起公认的《道德经》思想体系，无论后人再怎么解读和解释，估计也无法改变这个事实和现状。尽管如此，在这一章里，我还是想按照我的理解，尽绵薄之力来还原老子的哲学思路，尽绵薄之力让老子的哲学思想回归本源，尽绵薄之力让老子在《道德经》里所讲的每句关键话语都能一脉相承，承前启后。

如果不是站在如老子一样的高度来看待《道德经》，如果不是站在天地自然的高度去解读《道德经》，我们要还原老子的哲学思想原意，这几乎是不可能的事情。

下面，我尝试站在天地自然的角度来还原老子的哲学思路，在这里需要特别提示一下，由于本人不可能具有老子的思想高度，因此，在解读和还原过程中难免迂回曲折，似是而非，还望读者多多包涵。

据史料记载，在两千五百多年前，春秋战国时代就已经有宗教思想的存在，旧的宗教思想要么崇拜神灵，要么崇拜权贵，这些信仰都不能改善人们的精神面貌。在那个年代里，小国与小国之间频繁争夺土地，战火不断；人与人之间互相争权夺利，人性恶习泛滥，重建适合社会发展需要的信仰之道显得尤为迫切。但是，要建立新的信仰之路可谓异常曲折。年轻的时候，老子按照早期的认知观念尝试建立"善良学说"来解决人性恶习问题，不幸的是，"善良学说"屡屡受挫，收效甚微。老子亲身经历了很多事情之后，终于明白，如果仅仅站在人类的角度来研究人类自身问题，就如同坐井观天。只有站得更高、更广，如站在天地自然的高度来研究人类自身，才会有所发现。于是，老子做出了重大调整，将探索研究方向转为天地自然，这个转变称得上是伟大的转折。天地自然广阔无边，充满神奇，世间万物都是由天地自然孕育出来的，人类也是由天地自然孕育出来的，与天地自然相比，人类实在是太渺小了，在天地自然面前，人类心甘情愿俯首称臣。

历经几十年的探索研究和感悟，老子发现，天地自然尽管神奇伟大，但天地自然绝不是由上帝或者神灵所创造的，而是在自然之道不断作用下演变而来的。道为万物之宗，道为万物之母，道为天地之始，道为天下母。在这个核心思路下，老子开始对道进行多角度的探索研究，赋予道多角度的定义。按照道的功能特质，老子将道归纳为如下几点。

第一，道具有"无"的自然特质。"无名天地之始"（第一章），按照我的理解，"无"是指道看不见的、摸不着的、听不到的、看上去好像什么都没有的部分，它是隐性而非显性的，"迎之不见其首，随之不见其后"（第十四章），"惟恍惟惚"（第二十一章），"寂兮寥兮"（第二十五章）。道的不可言说的部分与"无"的意思有很多相近的地方，所以，老子喜欢用"无"来称呼道。在《道德经》中，"无"几乎就是道的代名词，"无"即是道，道即是"无"，"无为"即是顺应道、顺应自然的行为。由此可知，老子赋予了"无"极高的地位。

第二，道具有"有"的自然特质。"有名万物之母"（第一章），道具有孕育万物、催生万物的功能。很显然，"有"是指道可见的、显性的部分，即道是通过"有"来显现它的部分功能特质。所以，老子用"有"来称呼道。不难看出，"无"与"有"分别是"道"隐性功能与显性功能的两个层面，"此两者，同出而异名"（第一章）。由此可知，"无"与"有"都属于道同一层级的概念，但"无"是内在的，深层的，"无"的功能与作用似乎比"有"更胜一筹，更加耐人寻味。

第三，道具有"大"的人文特质。"万物归焉而不为主，可名为大"（第三十四章），道是天地之始，道是万物之宗，道是世界的主宰，道是催生万物变化发展的动力源泉。道的功能作用特别强大，无穷无尽，无限无边。道既具有"万物归焉"的自然能力，同时道还具有"不为主""不为大"的人文特质。所以，无论从哪个角度去看，用"大"来形容"道"都恰如其分。

第四，道具有"小"的人文特质。"常无欲，可名于小"（第三十四章），从"无欲""无私""无己""无我"的人文角度来看，道具有"小"的特质。我们不要小看"小"，"道常无名，朴虽小，天下莫能臣也"（三十二章），"小"的内涵非常丰富，"小"的特质里面有大文章。

第五，道具有"一"的特质。"一"有统一、有合一、有最大的意思，加上《道德经》里说"视之不见名曰夷，听之不闻名曰希，搏之不得名曰微。此三者不可致诘，故混而为一"（第十四章），以及"天得一以清，地得一以宁，谷得一以盈，万物得一以生，侯王得一以为天下贞"（第三十九章），这两个句子似乎印证了"一"即是"道"的说法。所以，几乎绝大多数的研究者都认同"一"是道的其中一种称呼方式。可以这么说，"一"

是道的归纳性统称，"一"即是道，道即是"一"。

　　从以上的归纳总结可以看出，道既是隐蔽的，又是显露的，道具有"无""有""大""小""一"等多个特质，道具有无穷多的作用与功能，道无法用语言精准定义。因此，老子对"道"下了一个总结性的结论，就是"道可道，非常道，名可名，非常名"（第一章）。

　　在多角度的概括性描述下，"道"的五个功能特质慢慢呈现在我们面前，"道"的样子似乎慢慢变得清晰。但是，"道"这五个不同面向的特质如何与人类的价值观联系在一起呢？这可不是一件顺理成章的事情。事实上，人类是非常渺小的，根本无法与自然之道的强大相提并论。自然之道与人类之间似乎有着巨大的鸿沟，若要将自然之道与人类的关系紧密联系在一起，那么，就需要在自然之道和人类之间找到他们的共通点。

　　自然之道与人类之间有共通点吗？自然之道与人类之间可以

搭建一座桥梁吗？自然之道功能强大，它除了是天地之始、万物之宗、宇宙法则、宇宙规律以外，它的内在本质本性又是什么呢？透过模糊不清、惟恍惟惚的现象，老子终于发现，道的自然规律与人类社会的规律相一致，道的"不为主""常无欲"的自然本性与人类的优良道德品性相一致。由此，自然之道与人类之间构建的桥梁关系正式确立。

"人法地，地法天，天法道，道法自然"（第二十五章），按照大小次序，"自然"排行最大，"道"其次，"天"再其次，"地"再其次，"地"之后就是万物和人类了。从规律的角度来说，自然规律最大；从本性的角度来说，"自然""道""天""地"这四者的本性基本相同。可能是由于自然规律富有弹性且具有不确定性，老子在《道德经》中并没有对自然规律部分论述太多。相反，对自然现象和社会现象的论述却相当充分，"物壮则老"（第三十章）、"反者，道之动；弱者，道之用"（第四十章）以及"天之道，损有余而补不足"（第七十七章）这三句同样适用于自然规律与自然现象。另外，老子对道的自然本性最为看重，因为它是人类最欠缺的部分，同时，它也是《道德经》的核心精粹所在。下面，我们一起来看看道的自然本性，包括天与地的本性还有哪些。

"万物作焉而不辞，生而不有，为而不恃，功成而弗居。夫唯弗居，是以不去。"（第二章）

"天地不仁，以万物为刍狗。"（第五章）

"天长地久。天地所以能长且久者，以其不自生，故能长生。"（第七章）

"上善若水。水善利万物而不争，处众人之所恶，故几于道。"
（第八章）

"生之、畜之，生而不有，为而不恃，长而不宰。"（第十章）

"故飘风不终朝，骤雨不终日。孰为此者？天地。天地尚不能久，而况于人乎？"（第二十三章）

"有物混成，先天地生，寂兮寥兮，独立不改，周行而不殆，可以为天下母。吾不知其名，字之曰道，强为之名曰大。"（第二十五章）

"道常无名，朴虽小，天下莫能臣也。"（第三十二章）

"万物恃之而生而不辞，功成不名有，衣养万物而不为主。常无欲，可名于小；万物归焉而不为主，可名为大。"（第三十四章）

"道常无为而无不为。"（第三十七章）

"生而不有，为而不恃，长而不宰，是谓玄德。"（第五十一章）

"天道无亲，常与善人。"（第七十九章）

"天之道，利而不害。"（第八十一章）

在上述节选的论述中，老子都在向我们诉说着道以及天与地都是"弗辞""弗有""弗恃""弗居""不辞""不有""不恃""不居""不宰""不争"，道以及天与地既显示出"不为主""不为大""常无欲"的人文特质，还显示出无我、无分别的特质。可以看出，道以及天与地都是无我、无分别地孕育着万物，无我、无分别地顺应着自然的变化而变化，不单只是"万物归焉而不为主"，还对万物"利而不争""利而不害"，道以及天与地所显现出来的优良品性确实值得人类去学习和效法。

老子清楚地看到人类恶习的根源在于"自我"和"分别心"，纠正恶习，纠正错误行为，建立正确的世界观和价值观显得尤为重要。在《道德经》里，老子花费了不少笔墨描述了人类的恶劣行为，因为，有所对比，才能有所认识，有所感悟。为了方便对比，我把老子在不同章节中有关人类自我习性的描述内容归纳如下：老子把人类恶习的根源浓缩为一个"自"字，"自"代表着"自我"，代表着以自己为中心的刻意所为，甚至肆意妄为。"自"字里面包含着"分别心"，包含着"自居""自有""自见""自是""自伐""自矜""自贵""为主""为大""争"等意思。自我为了维护面子，比较讲究"智""仁""义""孝慈"等表面功夫；自我最喜欢追求"五色""五音""五味""畋猎""难得之货"等，在感官享受和物质追求上，自我从"不知足"，所以，会出现"欲盈""甚爱""多藏""妄作""富贵而骄"等现象；在情绪上，"心使气曰强"（第五十五章），自我通常都表现为"轻""躁""心乱""宠辱若惊"等。在这里说明一下，上述加引号的全部来自老子的文字，不难看出，老子对人类的自我习性观察细致，了如指掌。

老子的哲学思想是通过《道德经》来呈现的，由《道德经》的名字可以大概猜测到，老子的哲学思想由"道"和"德"两大主题所组成。在只有五千言左右的经书里，出现了七十多个"道"字和四十多个"德"字，由此可见，"道"的重要性排第一，"德"的重要性排第二。搞清楚"道"的概念，搞清楚"德"的概念，搞清楚"道"与"德"之间的关联关系，对于我们正确理解老子的哲学思想原意尤为重要。

在前面的论述里，"道"的大概样子已经呈现在我们面前。下面，我们继续看看老子是如何给"德"下定义的，"道"和"德"之间又有着一种什么样的关系？

在老子的哲学思想里，"德"指的是遵循"道"的自然规律，效法"道"的自然本性。也就是说，将遵循自然之道、顺应自然本性落实到人类层面时，就称之为"德"。"孔德之容，惟道是从"（第二十一章），这是老子对"德"概念的定义，这句话可以这么理解：上德、大德，是由遵循自然之道的程度，以及效法自然本性的程度所决定的。越是遵循道的自然规律，越是效法道的自然本性，人类的德就越深厚；越是背离道，德就越薄小。为了强化"德"的概念，老子在不同的章节里多次提及"德"字。下面，让我们领略老子有关"德"的思路。

老子在《道德经》第十章里说："生之、畜之，生而不有，为而不恃，长而不宰，是谓玄德。"生育万物而不占为己有，付出而不自恃有功，作为万物之长而不主宰它们，这就叫作"玄德"，这就叫作大德。这与第二章的"万物作焉而不辞，生而弗有，为而弗恃，功成而弗居"的句子相对应，很显然，道的自然本性落实到人类层面就是德。

在《道德经》第二十三章里说："故从事于道者，道者同于道，德者同于德，失者同于失。同于道者，道亦乐得之；同于德者，德亦乐得之；同于失者，失亦乐得之。"这句话可以这么去理解：道与德之间是一种正比例关系，如影随形，道是形，德是影，两者互为条件。遵道者有德，有德者必是遵道；失道者失德，失德者必是失道。

在《道德经》第二十八章里说："常德不离，复归于婴儿""常德不忒，复归于无极""常德乃足，复归于朴"。这几句话大概意思是说：回归到婴儿般单纯的状态，回归到无极的状态，回归到自然素朴的状态，"德"就会常常伴随着我们。事实上，婴儿般的纯真状态，无极的状态，"朴"的状态，都是之前老子对"道"的状态的描述。所以，回归"道"的状态，就等同顺应道的自然规律，顺应道的自然本性，德就会充分显现。

在《道德经》第三十八章里说："上德无为而无以为，下德为之而有以为。"这句话可以这么理解：上德之人顺应自然之道无为而为，下德之人按照自己的意思有心作为。在这里，老子把"无为""有为"与"上德""下德"联系起来。

在《道德经》第四十一章里说："上德若谷。"这句话可以这么理解：上德有如低下的山谷。"谷"代表着万物生长的根源，代表着利万物而不争，代表着孕育万物而不为主。处于这样的状态，就可以称为"上德"，这样的状态其实也是"道"的状态。

在《道德经》第四十九章里说："善者，吾善之；不善者，吾亦善之，德善。信者，吾信之；不信者，吾亦信之，德信。"
这句话可以这么理解：善与不善的人，都一视同仁用善良来对待
他们；有诚信与没有诚信的人，都一视同仁用诚信对待他们，这
就是"德"。可以看出，无分别之心既是"道"的优良品质，同
时也是"德"的重要品质。

在《道德经》第五十一章里说："是以万物莫不尊道而贵德。
道之尊，德之贵，夫莫之命而常自然"。这句话可以这么理解：
万物都是遵循道、重视德的。道之所以被遵循，德之所以被重视，
就在于它不加干涉而任其自然。在这里，"道"与"德"的关系
紧密地联系在一起。

在《道德经》第五十四章里说："修之于身，其德乃真；修
之于家，其德乃余；修之于乡，其德乃长；修之于国，其德乃丰；
修之于天下，其德乃普。"这句话可以这么理解：修"道"于身，
修"道"于家，修"道"于乡，修"道"于国，修"道"于天下，
修道的范围越广，德就越深厚越宽广。"道"与"德"的关系再
次紧密地联系在一起。

在《道德经》第五十五章里说："含德之厚，比于赤子。"
这句话可以这么理解：德厚之人，有如婴儿般无我、无分别，有
如婴儿般纯真无邪。"道"与"德"有如"形"与"影"的关系，
如影随形。在前面第二十八章的句子解读中就有交代，婴儿的状
态如同"朴"的状态，如同"道"的状态，所以，如婴儿般状态
的人必定德行深厚。

在《道德经》第五十九章里说："早服谓之重积德，重积德
则无不克。"早做准备，就是重视积德；重视积德的人，没有不

能胜任的事情。

在《道德经》第六十章里说："以道莅天下，其鬼不神，非其鬼不神，其神不伤人；非其神不伤人，圣人亦不伤人。夫两不相伤，故德交归焉。"这句话大概意思是说：遵循自然之道，鬼、神、圣人各安其所，都能做到不伤害人，也互不相伤。

在《道德经》第六十三章里说："为无为，事无事，味无味。大小多少，报怨以德。"这句话大概意思是说：以道的"无为"思想作为人生准则，以无分别的"无事"心态处理事情，品悟和感悟"道"的真谛，天下事情无分大小多少，都用德行回报仇怨。

在《道德经》第六十五章里说："民之难治，以其智多。故以智治国，国之贼；不以智治国，国之福。知此两者，亦稽式。常知稽式，是谓玄德。"这句话的大概意思是说：百姓之所以难以管理，是因为太多智巧，所以，以智巧治国是祸害，不以智巧治国才是国之福气。能分清这两种不同治理法则的人，肯定拥有深厚的大德。

在《道德经》第六十八章里说："是谓不争之德。"道利万物而不争，如果大家都像道一样做到不争，这就成就了不与人相争的美德。

在《道德经》第七十九章里说："有德司契，无德司彻。"有德之人像执左契之人一样，宽容而不索取；没有德的人就像掌管税收的人一样，既苛刻又刁诈。

从以上的话语中，我们已经大致可以领略到"德"的内涵。为了方便大家更好理解，我把上述有关"德"的论述再总结归纳如下。

第一，道是万物之根，道具有自然属性；而德是属于人类层面的，"人法地，地法天，天法道，道法自然"，当人效法地、效法天、效法道、效法自然的时候，德就在人类身上显现出来了。

第二，"孔德之容，惟道是从"，人的品德由遵循道、效法道的程度所决定，越是遵循道，越是效法道，德就越大越深厚；越是背离道，德就越小越稀薄。

第三，大德与道一样，"不自""不有""不居""不恃""不宰""不为主""不为大""常无欲""知足""知止""不争"，用现代语言翻译，就是不自我，不自有，不自居，不自恃，不主宰，不为主，不为大，无欲，知足，知止，不争。用更直接的语言高度概括，大德就是无我、无私、无欲、无分别。

第四，大德与道一样，对待一切人和事都是无分别的，"天地不仁""天道无亲""善与不善""信与不信"，一视同仁。

第五，德的状态与道的状态几乎一致，当处于"婴儿""无极""朴""若谷""比于赤子""知足""不争"等状态时，德就深厚了。

第六，有德之人福气大，还无所不克，德的益处很多很多。

在探索自然之道的过程中，老子还发现了很多自然世界的规律和现象，这些规律和现象同样适合人类社会。老子将这些规律和现象加以总结，得出了一些结论：在自然世界里，"物壮则老"（第三十章），物极必反，"反者，道之动；弱者，道之用"（第四十章），以及"天之道，损有余而补不足"（第七十七章）。同时，事物呈现的外在表象通常都是假象。老子在第三十八章里说，"前识者，道之华而愚之始"，意思是说，从前的有识之士，只是认识到"道"的表面而未能把握到"道"的核心，这是愚昧的开始。因此，事物的真实状况往往与所呈现的表面现象相背离。老子提醒世人，在做事情和观察问题的时候，要善于发现事物深层的、隐性的部分，不要轻易被事物的表面现象所迷惑。就如"道的自然本性"，表面上看，"道"是"不自生"，真实的状况反而成就了"道"的"长生"。表面上看，"自我""自私"似乎很好，真实的状况反而是利万物的"无我""无私"才是长久的好。老子在《道德经》里用大量的例子来解释说明这种哲学关系，如果我们能够体会到老子的用心良苦，那么，在理解老子哲学思想原意时就会更加得心应手。

在老子提及的"表面与真实"例子中，其中有一些是单向的，主要是用来说明事物表象与真实的关系；有一些是双向的，主要是用来说明物极必反、"物壮则老""反者道之动""损有余而补不足"的变化发展规律。在这里，需要特别提示一下，老子所举的例子，"正"与"反"的转换关系，如"正复为奇，善复为妖"（第五十八章）；"表面"与"真实"的关系，如"正言若反"（第七十八章），都是现实生活中发生的事情，都是相对的，有前提条件的，充满弹性的，并非绝对的。就如老子在第五十八章里所说的"祸兮福之所倚，福兮祸之所伏。孰知其极？其无正"一样，祸与福相辅相成，互为相依，在一定的条件下祸福之间会相互转化，但这个转化的极点究竟在哪里呢？老子说其实这并没有一个绝对的标准。所以，如果我们从绝对的角度来理解老子的话语，那么，很容易落入争论不休的困局里面，这点读者一定要心里有数。下面，我按照《道德经》的章节顺序，把表象与真实之间关系的对比逐一罗列如下。

表面上以其不自生，实际上故能长生；表面上后其身，外其身，实际上身先，身存；表面上有仁义，实际上大道废；表面上智慧出，实际上有大伪；表面上有孝慈，实际上六亲不和；表面上有忠臣，实际上国家昏乱；表面上昏昏，实际上昭昭；表面上闷闷，实际上察察；表面上曲，实际上全；表面上枉，实际上直；表面上洼，实际上盈；表面上敝，实际上新；表面上少，实际上得；表面上多，实际上惑；表面上以其终不为大，实际上故能成其大；表面上张之，实际上歙（xī）之；表面上强之，实际上弱之；表面上兴之，实际上废之；表面上与之，实际上夺之；表面上刚强好，实际上柔弱好；表面上昧，实际上明；表面上退，实际上进；表面上纇（lèi），实际上夷；表面上看似不足，实际上厚德载道；表面上希声，实际上大音；表面上无形，实际上大象；表面上损之，实际上益之；表面上益之，实际上损之；表面上若缺，实际上大成；表面上若屈，实际上大直；表面上若拙，实际上大巧；表面上若讷，实际上大辩；表面上不言，实际上知者；表面上言者，实际上不知；表面上其政闷闷，实际上其民淳淳；表面上其政察察，实际上其民缺缺；表面上福，实际上祸；表面上祸，实际上福；表面上不美之言，实际上可信之言；表面上好听之言，实际上不可信之言。

以上有关"表面"与"真实"正反关系例子中，大多数只提及过一次，有个别话语实在是太重要了，例如，"以其不自生，故能长生""终不为大，故能成其大"等，提及次数就不止一次。另外，在《道德经》第四十一章和第四十五章里，出现了十句以"大"字开头的成语，它们是大白若辱、大方无隅、大器晚成、大音希声、大象无形、大成若缺、大盈若冲、大直若屈、大巧若拙、大辩若讷。这十个成语形象生动，语义深刻，揭示事物表面与真实之间的相反现象更是耐人寻味，历经二千多年，时至今日，仍然被国人奉为经典成语并广泛使用。

上述这些"表面"与"真实"关系的例子，涉及了人类认知的方方面面。《道德经》区区五千多言，老子就花费如此多的笔墨来谈论事物"表面"与"真实"的关系问题，从中可见老子对纠正大众价值观念的重视程度。

老子哲学思想既有高度又有深度，对于一般人来说，能够理解老子思想局部意思已经相当不容易，要全面理解全局意思难度就更大。消化理解不了，肯定就会伴随着很多质疑声音，伴随着很多疑难问题。下面，我尝试运用上述已有的知识，来解答质疑者的问题，或许，这样的解答方式可以帮助我们更加清晰理解老子哲学思想的原意和思路。

第一个质疑来自《道德经》中的两句话，第一句是第五章的"天地不仁，以万物为刍狗；圣人不仁，以百姓为刍狗"，第二句是第四十九章的"圣人无常心，以百姓心为心"。质疑者认为，老子在两个章节中分别说到圣人两个不同的心性境界，前者是无分别的境界，后者是心系"百姓"的有分别境界，究竟哪个心才是真正的圣人之心？哪个境界才是真正的圣人境界？

在哲学范畴里，通常都会使用"相对"和"绝对"两种说法。相对是指这种说法是有前提条件的，是权宜之法，是世俗之法；绝对是指所说的事物不依赖任何前提条件而改变，是永恒不变的。

"相对"与"绝对"所讲的内容以及所表达的意思相差悬殊。例如，站在相对的角度来说，遵循有分别心的因果法则是人类避免烦恼痛苦的有效方法；而站在绝对的角度来说，遵循无分别心的无我法则才是修行者彻底解脱烦恼痛苦的终极方法。

细心体会之下，我们会发现，老子的自然之道是"独立而不改"的，它是不依赖任何前提条件而独立存在的，它是绝对究竟的，它具有永恒不变的特质。回过头来看这个质疑，我们可以这么去理解：站在绝对究竟的角度来看，圣人效法天地，与天地一样具有无我、无分别之心是终极的最高境界；而站在相对的因果法则角度来看，圣人也是人，圣人选择走世俗的路线，走因果法则的路线，时刻惦记着百姓的需求，时刻想着如何更好地为百姓服务，以百姓之心为心，这是可行的、可操作的治国方略。同时，我们还要留意到这么一个细节，宇宙天地无我和无分别的天性是永恒的、不会改变的。反观人类，由于受后天生存环境的影响，人类的心性容易变得自我和有分别。因此，圣人既有无我、无分别之心，又伴随着自我、有分别之心，这是合情合理的事情。圣人在不同阶段，在不同的情况下，运用不同的法则，进入不同的境界，这些都是可行的、合理的、没有自相矛盾的。事实上，圣人这两种心境都是值得提倡和学习的。依我之见，这样去解释上述的疑问，说不定就是老子的哲学思想原意。

第二个质疑来自第十八章的"慧智出，有大伪"，以及第十九章的"绝圣弃智，民利百倍；绝仁弃义，民复孝慈；绝巧弃利，盗贼无有"。

在第十九章里，有些版本是写"绝圣弃智"，有些版本是写"绝知弃辩"，又有些版本是写"绝智弃辩"，无论是哪一句，都表述着一个大概的意思，就是老子对所谓"智慧""智巧"以及所谓的"知"与"辩"、"仁"与"义"、"巧"与"利"都持有否定的态度。

我们知道，无论是现在还是过去，按照世俗的价值观念来看，知识可以改变命运，"智"与"知"都是改变命运的重要元素，都是人们提升生活质量的重要手段，都是普通老百姓梦寐以求想掌握的能力。而"仁"与"义"更是为人处世的良好品德，民间也流传着"仁义值千金"的说法。质疑者认为，老子反对"智""知""辩""仁""义"，以及反对"巧"与"利"，是愚昧民众的计谋，是愚民政策的鼓吹者。

如果只是阅读局部的文字来解读老子的这些话语，确实字里行间有着难以理解的地方。但假若站在天地自然的哲学高度来看待这些问题，或许会发现，老子所表述的意思其实蕴含着巨大的智慧。

在回答疑问之前，我们先要确立一个重要认知，什么是"智慧"？根据《道德经》前后文字理解，我认为，老子所讲的"智慧"就是指遵循自然之道，顺应自然本性，回归到道的状态下，回归到道的天性上。这个时候，这个人就拥有了智慧；而世俗对于"智慧"的定义很不一样，世俗认为，智慧指的是高级的思维能力，智慧与"聪明才智"以及"智巧"有着近似的意思。

细心体会，我们会发现，老子所认同的真正智慧与世俗认同的"智慧"概念有很大的不同，世俗的智慧指的是聪明才智，里面包含了"智""知""辩""仁""义""巧"等，这些世俗的智慧无一例外都带着浓烈的二元分别心，带着浓烈的人为色彩，都是"有为"，与道的"无为"方向相反，与道的自然本性相背离。因此，老子建议采用"无为""无事""无我""无分别"来代替"有为""有事""有我""有分别"。舍弃分别心，就是"绝圣弃智"，就是"绝仁弃义"；舍弃以金钱利益为中心，就是"绝巧弃利"；舍弃以欲望为中心，就是"见素抱朴，少私寡欲，绝学无忧"。这就是老子推崇的无我、无分别的"无为"思想，这就是君主治理国家、净化社会风气以及百姓个人自身修身养性的上乘方法论。

老子站在天地自然的高度来剖析世俗的问题，这正是这些句子难以被世人理解的关键原因。正如老子在第三十八章里所强调的"故失道而后德，失德而后仁，失仁而后义，失义而后礼。夫礼者，忠信之薄，而乱之首"一样，如果我们转换角度去理解第十八章和第十九章这两句话，或许，我们就能放下歧见，理解老子的良苦用心。

第三个质疑来自"柔弱胜刚强"（第三十六章）、"天下之至柔，驰骋天下之至坚"（第四十三章）、"强大处下，柔弱处上"（第七十六章）、"弱之胜强，柔之胜刚"（第七十八章），以及"天下莫柔弱于水"（第七十八章）等话语。

质疑者认为，老子坚信"天下莫柔弱于水"。而实际上，水时而平静，时而凶猛，莫非水具有两面性？平静之水平时柔弱又温柔，可是，一旦发怒起来就变成了洪水猛兽，由温柔之水变成猛兽之水，这究竟是水自身的原因，还是其他因素在起推动作用呢？质疑者认为，水的特质就是往下流动，当势能为零，就是一潭寂静的水；当势能出现，水就开始流动，势能越大，流动的速度就越大，所造成的冲击力量就越大。由此可见，水还是原来的水，水的本性是不会改变的，唯一改变的是水所处的"势"。老子提出水"以柔克刚"，其实是带着很多附加条件的。在现实生活中，不排除有"柔弱胜刚强"的例子，但一般情况下，柔弱是很难战胜刚强的，老子把一些个别现象上升到普遍层面上来谈论，这让人难以接受。

如果站在"柔弱的一方能够战胜强大的一方"这个角度去理解老子的话语，那么，无论老子的追随者怎么去辩解，也无法给质疑者以满意的答案。要回答质疑者的问题，真的要跳出这个圈圈，站在更高的高度来理解老子的话语。

依我的理解，"弱之胜强，柔之胜刚"，这个"胜"字可以有两重意思，一个是战胜的意思，这是绝大多数人的解读方式；另一个是"好过""优于"的意思，即表面的"弱"优于表面的"强"，表面的"柔"优于表面的"刚"。也就是说，外表"强大"不一定是好事情，物极必反，"物壮则老"（第三十章），"反者，道之动"（第四十章），过于强大反而是衰败的前兆；外表"弱小"其实也并非是坏事情，"弱者道之用"（第四十章），柔弱反而预示着将要蒸蒸日上，茁壮成长。所以，老子在第五十二章中又补充了一句"守柔曰强"，坚守柔弱就可以称为"强"。由此可知，如果大家按照"好过"与"优于"这个意思来解读"胜"字，把质疑者的文句放回原章节里面再次细心阅读品味，那么，老子的这些话语都显得合情合理，质疑者的疑虑将会得到完满的解释。

老子之所以如此推崇"柔"与"弱"，最根本的原因在于柔与弱是生命力萌发的初始状态，而强与刚是生命力快要结束的征兆，谁更好？谁更优？一目了然。当然，表面的"柔"与"弱"并不是永恒不变的，柔弱是暂时的，随着环境自然因素的变化，柔弱也会变得刚强，正如老子所说，"天下柔弱，莫过于水，而攻坚强者莫知能胜，其无以易之，弱胜强，柔胜刚，天下莫不知，莫能行"（第七十八章），用这样的思维方式来理解老子的柔与弱，这或许就是老子思想的真实原意。

第四个质疑来自"无为"两字。质疑者认为，老子所说的"无为"，无法在《道德经》里找到相关定义，也无法找到具体的行为指南。在现实生活中，无论是平民百姓还是国家君主，都无法找到有效的方法论。"无为"的口号叫得响亮，可惜缺乏现实意义。

这个质疑声音确实很有代表性，如果我们不从根本上去理解"无为"概念，在《道德经》里出现的其他相关句子也变得难以理解。这样，要全面理解老子的哲学思路也变得十分艰难。所以，在这里需要再次重点解读一下"无为"的概念。

"无为"与道有着密切的关系。道有两个层面，一面是隐性的、内在的、看不见的，这一面称为"无"；而另一面是显性的、看得见的，这一面称为"有"。老子认为，"无"是自然世界的主宰，"无"是自然世界的运行法则，"无"是道最精华的部分，"无"具有自然属性，"无"即是道，道即是"无"，将"无"落实到人类身上就是"无为"，"无为"指的就是遵循自然之道、顺应自然规律、顺应自然本性的行为。

在遵循自然规律的部分，我们要谨记老子的三句经典话语：

"物壮则老"（第三十章），"反者道之动，弱者道之用"（第四十章），以及"天之道，损有余而补不足"（第七十七章）；在顺应自然本性的部分，我们要清楚知道，道的自然本性就是"无我""无分别"，无我、无分别与"不为主""不为大""常无欲"的意思非常接近。也就是说，"不为主""不为大""常无欲""无我""无分别"都是道的自然本性。

可问题又来了，"无我"的行为又如何去界定呢？从心理学的角度来看，人的行为指挥部在心，人心决定一切，一切都是心的显现，心的显现甚至比表面的行为来得更加重要。例如，相同的行善行为，如果行善者的心是无我的，那么，行善的福报不折不扣；如果行善者带着私心去行善，那么，行善的福报会大打折扣；如果行善者借行善机会博取眼球、大肆敛财来满足私欲，那么，行善将毫无福报可言，甚至适得其反。在这里，行善的结果是以"心"来做判断的，而不是以行为做判断。同样，我们判断一个人是否"无为"，也应该从心的层面来做判断，心越无我、无分别，"无为"的程度就越高。也就是说，将道"无我""无分别"的自然本性落实到人类层面的时候，将道"不为主""不为大""常无欲"的品质落实到人类层面的时候，这就是"无为"，或许，这就是老子"无为"思想的真实原意。

通过以上的分析研究和解读，在本章的最后，我们一起来还原老子的哲学思路：自然天地广阔无边，伟大又神圣，它与人类的关系就是整体与个体的关系。依据"人法地，地法天，天法道，道法自然"的逻辑顺序，人类遵循和效法自然之道是理所当然的事情。将自然之道作为人类信奉、敬仰的标的物，将自然之道作

为人类效法的参照物，将道的自然规律作为人类遵循的法则，将道的优良特质和品性作为人类的道德规范指南。同时，借用道的玄妙变化规律来看清事物表面与真实的关系，从而改变人类惯有的价值观念，为人类建立起一套行之有效的"道法自然"思想体系，这或许就是老子思想哲学思路的真正原意。

第九章 《道德经》新解

第九章在易于理解

的现代语言背景下，不

错过任何重要的细节，

力求还原老子话语的原

意，力求还原老子哲学

思想的原意，帮助读者

轻松掌握《道德经》的

原文释义及思想。

《道德经》流传至今已经有两千五百多年了，要理解两千五百多年前的中国古文字，这可不是一件容易做到的事情。因此，大多数有关《道德经》的书籍，都选择以逐字逐句解释解读的方式，来帮助读者理解经文的意思。《道德经》文字简洁，语义深奥，从第一章解释解读开始，即使仅仅是一个句子，或者仅仅是一小段落，都令人相当费解，直至第八十一章解读结束，这种难以理解的状况都存在。对于读者来说，难以理解的部分断断续续分布在不同的章节里，既要对古文字有所理解，又要对段落之间的意思有所理解，还要将前后意思连贯起来一起理解，然后再提升到对自然之道全局思想的高度来理解，这么多难以理解的部分摆在面前，对一般读者来说确实不容易。所以，有不少读者中途放弃了继续阅读，这是一件非常可惜的事情。

在完成前面章节的写作任务后，我突然有了一个想法，想用现代的语言，按照老子的哲学思路，加入一些易于理解的元素和内容，用全新的表达方式，模拟《道德经》的写作风格，写一章《道德经》新解。

在正式进入解读之前，我们再次温故知新一下。道是《道德经》的核心所在，道是宇宙世界的原动力，道是万物的源头，是万物的根本，是万物之宗，是万物之母。老子在《道德经》里提出，天地自然之间存在着一股神秘的力量，这股力量源于内在，这股力量"独立而不改，周行而不殆"，这股力量推动着天地万物的运行变化。细心体会，反复琢磨，就会发现，这股力量其实就是"由缘而生起"的力量，其实就是依赖当下此时此刻自然环境因素而和合的助推力量，我们可以称呼它为自然的力量，也可以称呼它为自然之道。

由缘而起，依赖当下此时此刻的各种自然环境因素而和合，就可以生生不息地从内在产生能量，这就是自然之道神秘的力量源泉。这股道的力量具有孕育能力，催生着万物的生发成长，主导着天地自然的运行。

历经二千多年，无数的道家研究者都在努力解读着《道德经》，都在努力还原老子的哲学思想原意。我与过往的道家研究者一样，都在努力为还原老子的原创思想探索前行。下面，为了阅读方便，我试着将自己对自然之道的理解，按照《道德经》内容的大概次序，重新编排理顺一下，这些内容并不完全是对《道德经》的直接注解和翻译，它只是我对自然之道哲学思想理解后的呈现。

书写《道德经》新解章节，
期望能达到如下的效果：在易于理
解的现代语言背景下，不错过任何
重要的细节，力求还原老子话语的
原意，力求还原老子哲学思想的原意，
帮助读者轻松掌握《道德经》的原文
意思，让读者一次就领略到老子的整体
哲学思想。

　　《道德经》新解并不包含《道德经》的全部内容，有些部分
会有所增加，有些部分会有所减少，内容次序也会有所变动。这
注定是一次大胆的冒险之旅，这样做有可能与部分读者和道家研
究者的期待相距甚远，又或者会令部分读者和道家研究者大失所
望，由此可能会带来各种异议与非议，还望各位前辈多多包涵。

　　以下是我对老子《道德经》的解读内容，为了阅读方便，
我罗列出主要的提纲，并给它起了一个名字，叫作《道德经》
新解。

提纲

（一）自然之道

（二）道的优良品性

（三）习性与德

（四）表面现象与反向思维

（五）君主的治国之道

正文

（一）自然之道

天地无人推而自行，日月无人燃而自明，星辰无人列而自序，禽兽无人造而自生，宇宙世界按照着自身的规律不断运行，原因为何？这是因为，在宇宙世界里，存在着一股神奇力量，这股力量创造了宇宙世界，创造了天地，创造了万物。这股创造性的力量存在于天地自然之间，存在于万物当中，无处不在，并且绵绵不绝，永不停歇。

这股神秘力量先于天地而生，它无状之状，无物之象，混混沌沌，恍恍惚惚，没有固定的形象，没有确切的样子，没有真实的面目。它寂静无声，动而无形，并且周而复始地运行，循环不息。假如没有这股力量，宇宙世界或许会乱成一团，日月星辰或许会失去次序，山河大地或许会不复存在。这股力量主宰着宇宙世界，这股力量主宰着天地自然，这股力量主宰着万物的生发。它实在是太重要了，无论如何，我们都值得花时间精力去研究它，认识它，遵循它，效法它。

这股力量究竟是什么呢？这股力量无状无形，恍恍惚惚，似有似无，非常神秘，不可测量，很难定性，只能用比喻形容的方式来描述它。如果用拟人化的语言来比喻的话，这股力量就像是孕育生命的子宫，又像是孕育万物的山谷。这股力量如深渊一般底蕴深厚，深不见底，非常玄妙，非常神奇。为它找遍了所有的语言文字，真的找不出合适的文字来准确描述它，只能给它起一个大概的名字，赋予它大概的意思，这样吧，我就把这股神秘力量称呼为"道"吧，就称呼它为自然之道。比较而言，自然之道这个名称听起来更合适一些，因为这股力量来自宇宙自然，同时，它也是维持宇宙自然世界有序运行的重要力量。

道有两个层面，一面是肉眼看不见的部分，这一面可以称呼它为"无"，"无名天地之始"；另一面是可以看得到的、感受得到的部分，如催生万物生发的功能，这一面可以称呼它为"有"，"有名万物之母"。"无"与"有"都是"道"的一个名称，"无"与"有"并存于"道"这个整体里，"此两者，同出而异名，同谓之玄"。另外，"道"统一、合一的部分，可以称呼它为"一"。"视之不见名曰夷，听之不闻名曰希，搏之不得名曰微。此三者不可致诘，故混而为一"。

道在时间上无法计算其开始，道在初始宇宙之前的时期就已经存在，"吾不知其谁之子，象帝之先"。道先于宇宙而存在，道先于天地而存在，道创生了宇宙，道创生了天地，道创生了万物，道创生了人类，道是永恒的。道，既是宇宙规律、宇宙法则，也是宇宙以及万物形成的原动力，道具有自然的属性。

"道"又称为一，道生一，一生二，二生三，三生万物。道不断创生着万物，同时也伴随着万物的生发与成长。万物不可以离开道而独立存在，万物离开了道，又或者道离开了万物，就意味着万物将要解体或者将要缘尽而消亡。道不可以单独存在，道必须要与万物同在。

道虽然拥有超然的地位，但在"自然"面前，还必须遵循自然。"自然"比道的地位更高，"自然"比道处于更高的层级，"自然"是道的参照系，道必须遵循"自然"，道必须"道法自然"，"自然"高于一切。

那什么是"自然"呢？自然就是随顺当下此时此刻的环境因素而和合变化，自然而然，本然如此，这就是自然。"道法自然"，道有着随顺当下自然环境因素而和合的自然特质，也就是说，随顺当下自然环境因素而和合变化，这就是道，这就是自然之道。

在自然世界里，不同元素之间的因缘相聚，最简单的就是只有两种或两种多一些的元素因素相聚在一起参与和合，复杂的情况可能有过百种甚至无数的元素因素参与和合，这是多么震撼的画面啊！

元素与元素之间和合而产生的力量真是无法估量，它既可以柔弱到润物无声，又可以电闪雷鸣，呼风唤雨。这种元素与元素之间的因缘相聚而和合变化的事情和场景数不胜数，无穷无尽，无限无边，随时随地都在我们看不见的地方发生着。哪怕是我们自己本身，也无时无刻发生着各种元素与元素之间的和合变化，这就是宇宙诞生的力量源泉，这就是万物不断变化发展的力量源泉，这就是人类不断进化的力量源泉，这就是个体生命"生、老、病、死"的推动力量。

元素与元素相聚而和合，变幻莫测，又隐蔽又神奇，这就是"道"无状无形，恍恍惚惚，似有似无，如深渊一般深不见底的原因。

元素与元素相聚而和合，随时随地、分分秒秒都在发生着，它是持续的、不停歇的、永恒的，它的体量是无限无边的。"道"永远充满着能量来维系着宇宙世界的运行，宇宙世界在道的作用下不断变化发展。

元素与元素和合所产生的化学作用更加神奇，更加奥妙，这就是为什么"道"可以创生万物，创生出我们无法想象的万物的原因，这就是为什么"道生一，一生二，二生三，三生万物"的原因，这就是为什么"道"是万物之母、万物之宗、万物之根的原因。

元素与元素相聚而和合无始无终，没有人知道它何时开始，没有人知道它将何时结束，缘聚则生，缘尽则散，这就是为什么万物要与"道"同在，这就是为什么万物离开了"道"就缘尽而消失，继而转化成另外形态的原因。

"道"是最自然、最合规矩、最合天理的，当我们对"随顺当下此时此刻自然环境因素而和合变化"这句话有了深刻的了解和体会，有关自然之道的一切疑难问题就会迎刃而解，这就是"道"的魅力所在。

"上士闻道，勤而行之"，有识之士都

善于遵循自然之道，他们懂得事物的变化发展都由道而起。道是自然规律，道是万物本性，道是万物内在固有的自然本性，道是催生万物变化的力量源泉，"道，可道也；非，恒道也"，无论时间与空间的坐标指向何处，宇宙天地的运行从来就没有停止过。在茫茫天地中，我们根本找不到一样东西是静止不变的，要么它正在获取能量，要么它正在释放能量。总之，万物都在依赖和顺应着当下此时此刻的自然环境因素而和合变化，这就是道，这就是自然之道。

（二）道的优良品性

天地自然广阔无边，神奇伟大，但可以肯定，天地自然绝不是由上帝或者神灵所创造的，而是由自然之道诞生而来。道是天地之始，道是万物之宗，道是万物之母，道是规律法则，道主宰着宇宙世界的运行，道主宰着万物的生发，道具有自然的属性。

道是内在的、深层的、无形的，道不断地创生万物，同时也向下往有形的物体上落实；不断创生，不断落实，这就是"道生一，一生二，二生三，三生万物"的原理，这就是道不断地向下层延伸的原理。道最自然、最合规矩、最合天理、最不妄为，道带着它的自然特性往下落实到万物当中，万物就与道同在；道带着它的自然本性往下落实到人类身上，人类就有了德，这就是道德。

道有着众多的名字，"无"与"有"都是道其中的一个名字，"无"与"有"都属于自然层面的范畴，"无"与"有"的特质诉说着道的神奇伟大，印证了"人法地，地法天，天法道，道法自然"的逻辑关系。而从人文角度来看，道又有哪些人文特质呢？我们一起来看看。

"万物作焉而不辞，生而弗有，为而弗恃，功成而弗居"。万物依赖道而兴作，道从不推辞，道催生万物而不据为己有，有所作为而不自恃，助万物功成而不居功自傲。

"大道泛兮，其可左右。万物恃之以生而不辞，功成而不名有，衣养万物而不为主""以其终不自为大，故能成其大"。大道无处不在，可左可右，万物依赖道得以生发成长，道却从不推辞；道助万物功成，却从不居功自傲；道催生万物、养育万物，却从不认为自己是主宰。道自始至终都不自以为大，所以，才成就了道的伟大。

"天长地久。天地所以能长且久者，以其不自生，故能长生"。天地之所以能长长久久，在于天地不是为了自己而生。

"江海之所以能为百谷王者，以其善下之，故能为百谷王"。江海之所以能成为百川之王，全在于江海不为主，不为大，甘于居下，所以，才让江海成为百川之王。

"上善若水。水善利万物而不争，处众人之所恶，故几于道"。上善如水，水愿意停留在众人都不喜欢的地方，利万物而不与万物相争，所以，水的品性最接近道。

不难看出，道孕育和养育万物，令天地自然一片欣欣向荣。道主宰着世界，主宰着万物，但从不自恃有功，从不居功自傲，从不自以为主，从不自以为大，道"不为主""不为大"的特质成就了道的伟大。道在任何情况下，在一切事物面前，自始至终都保持着"不为主""不为大"的特质，这意味着道对待一切事物都是没有分别心的，"天地不仁，以万物为刍狗""天道无亲"，这是天地和道没有分别心的最形象写照。

天地传承了道"不为主""不为大"的优良品性，天地也变得无私无我，天地不只是顾着自己的生，而是顾着天地里的万物之生，"不为主""不为大"的特质成就了天地的长长久久。江海也传承了道的优良品性，江海也是不自以为主，不自以为大，没有分别心，甘于居下，这同样成就了江海成为百川之王。水更是如此，水不自以为主，不自以为大，没有分别心，"处众人之所恶"，善利万物而不争，这也让水成为自然界最宝贵的东西。圣人也传承了道的优良品性，圣人效法自然之道，秉承"不为主""不为大"的思想意识，这同样成就了圣人的伟大，"是以圣人终不为大，故能成其大"。

道有着"万物归焉而不为主"的人文特质，就凭借这个特质，我们就可以赋予它一个"大"的名称。事实上，道"不为主""不为大"的特质决定了道对待万物从来都不以自己为中心，道对待一切都是没有期待，没有执著，没有分别，没有欲望，所以，我们也可以再赋予道"小"的名称，"常无欲可名为小"。这样，"大"与"小"的内涵相互呼应，构成了"道"完整的自然本性。

道拥有"无""有""一""大""小"等名称，道实在是太伟大了。相比之下，人类实在是太渺小了，道如同是站在我们面前的一个伟大人物一样，如果我们要学习面前的这个伟人，应该学习什么好呢？我想肯定不是去模仿伟人的行为，而是要深入学习伟人的内在特质和特性。所以，以伟人为楷模，以伟人为榜样，学习伟人的最佳途径就是学习伟人的优良特质和特性。学习自然之道同样如此，要效法自然之道，不能只是"东施效颦"而有样学样，而是要深入学习道"不为主""不为大""常无欲"的自然特质，而这恰好正是人类最欠缺的部分。

（三）习性与德

受生活环境和生存环境的影响，人类的不良习性变得越来越重，如"自见""自是""自伐""自矜""自恃""自居""自有""自贵"等，"自"代表"自我"，代表自以为主，代表自以为大，代表分别心。可以这么说，人类的所有不当行为，全部都是因为"自"的原因所导致的，"自"的程度越深，自以为主、自以为大的潜意识就越强烈，习性表现得就越深重。

在具体行为上，主要表现为沉迷于五色、五音、五味当中，追求刺激的玩意，好斗好勇，好争好战，喜欢追逐狩猎，讲究衣着打扮，讲究饮食，"甚爱"财富名利，"多藏"珍稀物品，对一切事物都贪婪和不知足，这些习性最容易让人变坏。"祸莫大于不知足；咎莫大于欲得"，"不知足"和"欲得"都是自我习性的范畴，都是贪婪的表现。不过，庆幸的是，人类的自我习性主要是在后天形成的，是可以改变的，我们要对改变自身自我习性的事情抱有信心。如果我们学会遵循自然之道，效法天地，效法道，效法自然，人类

的自我习性就会大幅降低。

道有两大层面，一面是自然规律和法则，这个层面属于人类遵循的范畴；另一面是天性、本性和人文特性的部分，这个层面属于人类效法学习的范畴。与道相对应，人类德的显现也有着两个重要范畴，一个是遵循自然规律和法则的范畴；另一个是效法天性、本性和人文特性的范畴。可以这么说，越是遵循道的自然规律，越是效法道的天性、本性和人文特性，那么，人类就越具有"德"，"德"的多少以"遵循道""效法道"的程度作为衡量标准。

如果我们效法道"不为主""不为大"的人文特质，那么，我们的行事方式肯定也会变得谦虚和谨慎。对于一般人来说，在我们自以为主、自以为大的时候，我们通常都目空一切，唯我独尊，自把自为，随心所欲，发号施令，我们常常表现出自以为是的傲慢行事方式。只有在不为主、不为大的时候，又或者在危机四伏的环境中，我们的处事方式才会变得谦虚谨慎，小心翼翼。

为人处世最好谨慎为上，如同冬天在结冰的河上行走一样，如同提防四周邻居的窥视一样，如同自己是宾客一样，"豫焉若冬涉川，犹兮若畏四邻，俨兮其若容"。言语说话同样要小心谨慎，不能掉以轻心，"不言""希言"才符合自然之道。同时，"多言数穷，不如守中"，要学会把握说话的分寸，什么时候该说，什么时候不该说，该说哪些话，不该说哪些话，都要心里有数。因为，不该说的话说多了，容易招致祸害。"慎终如始，则无败事"，由始至终奉行谦虚谨慎的行事方式，就可以立于不败之地，这也是"善为道者"的行为准则。

对于很多普通人来说，或许我们只能在显性的、表面的、交际的层面上做到"不为主""不为大"，我们很难在隐性的、内在的意识层面上真正做到"不为主""不为大"。假若我们发自内心地让"不为主""不为大"的品质往内心扎根，在内心深处不断淡化自我意识，将"不为主""不为大"的特质发挥到极致，以至到达"忘身""忘己"的地步，将身体忘掉，甚至将自己忘掉，这样，自我消失了，我们也就没有什么可以忧虑了。"吾所以有大患者，为吾有身。及吾无身，吾有何患？""忘身""忘己"，这是治愈烦恼痛苦的最高方法论。

还有，如果我们效法道"常无欲"的人文特质，那么，我们的心肯定会变得清静安详。"致虚极，守静笃；万物并作，吾以观复。夫物芸芸，各复归其根。归根曰静，静曰复命"。静是人类生命的根本，静是人类回归生命源头的方向，静是人类是否遵循自然之道的其中一个参考标杆。人的心灵之所以疲惫不堪，都是因为内心欲望搅动所致。花花世界看似精彩纷呈，实际上却能扰乱人心；五颜六色看似精彩，实际上却是令人眼花缭乱。杂乱声音令人听觉失灵，浓厚味道令人味觉失调，纵情狩猎令人放荡狂野，珍稀物品令人行为不轨。清心寡欲少欲，才是人类回归生命源头的正确方向。

同时，我们也要建立一种认知，绝对的"静"是不存在的，静是相对的，动才是绝对的，静与动是相对的概念。事实上，一切事物都是动中有静，静中有动，动静平衡；静为阴，动为阳，阴中有阳，阳中有阴，阴阳平衡；万物负阴而抱阳，冲气以为和，万物在动静之间、在阴阳之间求得和谐与平衡。人类的生存同样如此，讲究动静平衡，讲究阴阳平衡。久动必静，久静必动，静储存能量，静是源头，由"动"返"静"，就等同返回到源头根本之处，这就是"静"的真正意义所在。

再有，如果我们效法道"常无欲"的人文特质，那么，必定可以成就我们知足、知止、不争的品质。知足、知止、不争是人类身上非常珍贵的品质，人类的祸患很多都是源于自身的不知足和争斗冲突。"知止所以不殆"，知道适可而止，就可以远离危险。知止，也是知足的其中一种表现方式，"知足不辱，知止不殆，可以长久"。同时，"知足者富"。另外，当一个人知足的时候，他是不会去争斗的，不争可以带来和谐，不争可以带来共赢。"天之道，不争而善胜""夫唯不争，故天下莫能与之争""以其不争，故天下莫能与之争""圣人之道，为而不争""天下神器，不可为也，不可执也。为者败之，执者失之"，天与地以及圣人都在印证着"为而不争"的益处，大家要切记切记。

知足知止自然就不争，与此相反，不知足就会执著，执著就会刻意所为，或者肆意妄为，甚至争夺争斗，这就必然导致失之、败之。所以，知足、知止和不争是人类的美德，"是谓不争之德"。

哲学思想只有回归到日常生活当中，它才具有现实意义。自然之道的最大功用，就是要将它落实到人类人文层面上来。"孔德之容，为道是从"，人的道德品行是建立在遵循和效法自然之道的基础之上的，遵循道、效法道就是有德，背离道就是无德。人越不"自"，人就越有德；越是"自"，就越无德。有德与无德，人生的境界大不相同。人类若能多向道的自然本性学习，那么，德就完满了，人生也就完满了。

（四）表面现象与反向思维

在自然世界里，存在着物极必反，"物壮则老"，"反者，道之动；弱者，道之用"，以及"天之道，损有余而补不足"这样的自然规律和现象。同时，"正言若反"，事物所呈现的外在表象通常都是假象，事物的真实状况往往与所呈现的表面现象相背离。

表面现象很容易迷惑人，"前识者，道之华而愚之始"，那么，我们该怎么办才好？最好的方法就是认识"道"的自然现象和变化规律，擦亮眼睛，透过表面呈现的种种现象，看到事物的真实状况。就如"道的自然本性"，表面上看，道是"不为大"，真实的状况反而成就了道的伟大；表面上看，"自我""自私"很好，真实的状况反而是利万物的"无我""无私"才是长久的好。

在这里，我们需要确立三个重要认知，其一，事物不是静止的，事物每时每刻都是动态变化的，所以，要持有动态的眼光来看待任何事物，绝对不能固化在一个点上。其二，事物的变化发展有其自身规律，周而复始，循环不息，就像钟摆来回摆动一样，就像月亮圆缺变化一样，就像春夏秋冬循环不息一样。当事物的变化到达某一个极端的时候，就会往相反的方向转化，物极必反，"物壮则老"，这就是"道"的变化规律。其三，造成事物变化的因素错综复杂，很难精准把握，正如"祸兮福之所倚，福兮祸之所伏。孰知其极？其无正"一样，祸与福相辅相成，互为相依，在一定的条件下祸福之间会相互转化。但这个转化的极点究竟在哪里呢？其实是没有一个绝对的标准的。因此，在现实生活中，在具体事情上，"正"与"反"的关系，"表面"与"真实"的关系，都是相对的，有前提条件的，充满弹性的，并非绝对的，我们要学会具体问题具体分析。如果片面地、绝对地看待事情，那么，很容易会陷入困局而不能自拔，这点大家要保持觉察。

在现实生活中，正与反的关系、表面与真实之间的关系，这方面的例子数不胜数，例如，表面上以其不自生，实际上故能长生；表面上后其身，外其身，实际上身先，身存；表面上有仁义，实际上大道废；表面上智慧出，实际上有大伪；表面上有孝慈，实际上六亲不和；表面上有忠臣，实际上国家昏乱；表面上昏昏，实际上昭昭，表面上闷闷，实际上察察；表面上曲，实际上全；表面上枉，实际上直；表面上洼，实际上盈；表面上敝，实际上新；表面上少，实际上得；表面上多，实际上惑；表面上以其终不为大，实际上故能成其大；表面上张之，实际上歙（xī）之；表面上强之，实际上弱之；表面上兴之，实际上废之；表面上与之，实际上夺之；表面上刚强好，实际上柔弱好；表面上昧，实际上明；表面上退，实际上进；表面上纇（lèi），实际上夷；表面上看似不足，实际上厚德载道；表面上希声，实际上大音；表面上无形，实际上大象；表面上损之，实际上益之；表面上益之，实际上损之；表面上若缺，实际上大成；表面上若屈，实际上大直；表面上若拙，实际上大巧；表面上若讷，实际上大辩；表面上不言，实际上知者；表面上言者，实际上不知；表面上其政闷闷，实际上其民淳淳；表面上其政察察，实际上其民缺缺；表面上福，实际上祸；表面上祸，实际上福；表面上不美之言，实际上可信之言；表面上好听之言，实际上不可信之言。

以上有关"表面"与"真实"正反关系的例子中，都不是绝

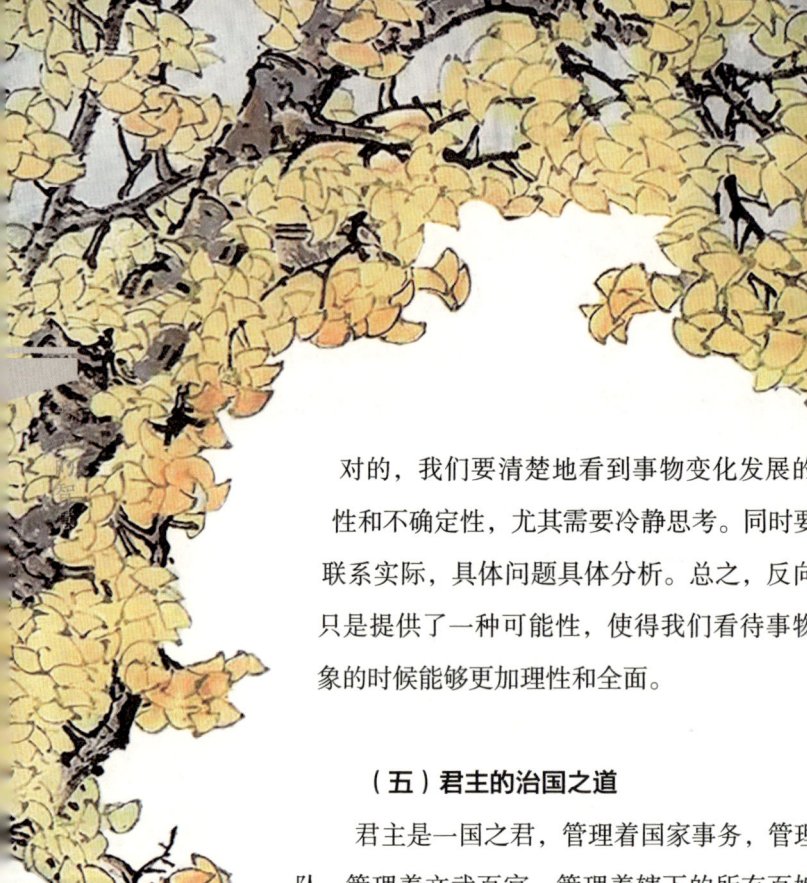

对的，我们要清楚地看到事物变化发展的复杂性和不确定性，尤其需要冷静思考。同时要理论联系实际，具体问题具体分析。总之，反向思维只是提供了一种可能性，使得我们看待事物与现象的时候能够更加理性和全面。

（五）君主的治国之道

君主是一国之君，管理着国家事务，管理着军队，管理着文武百官，管理着辖下的所有百姓。相对百姓个人来说，国家就是一个整体，而君主就是国家整体的延伸代表，君主与百姓的关系，就是带领与跟随的关系。所以，在百姓眼中的君主，他是国家整体的代表，他是百姓眼中的榜样。

君主如何治国？如何处理与百姓的关系？如何处理各种复杂事务？如何处理与邻国的关系？这是摆在君主面前一个又一个复杂的问题。

首先，在心的层面上，君主应该摆正自己的心态，这是一个形而上的哲学问题，也是根源性的核心问题。作为一国之君，作为百姓之王，要懂得"高下相倾"，以及"贵以贱为本，高以下为基"的道理。君主的高贵是以百姓为基本的，君主地位之高是以百姓为根基的，君主要懂得百姓才是国家的根本，千万不要盛气凌人而为所欲为。

想国家长治久安，君主就要在内心层面效法天地的自然本性。正如"天长地久。天地所以能长且久者，以其不自生，故能长生"。天地之所以长长久久，就在于天地的无私。"是以圣人后其身而身先，外其身而身存。非以其无私邪？故能成其私"。如果君主效法天地，像天地一样做到不自生、不自私，把自身的利益放在众人之后，大家肯定就会乐于把他推到前面。君主把自己利益置于最后，最终反而成全了自己。

除了效法天地不自私、不自生的自然本性，君主也要效法江海"善于处下"的自然特质。"江海所以能为百谷之王者，以其善下之，故能为百谷王"。江海善于处下，因而能百川归海，成就为百川之王。如果君主像江海一样，懂得放下身段，善于处下，言语谦逊，把自身利益放在百姓之后，这样，君主在上，百姓也不会感到有沉重的压力；君主在前，百姓也不会感到有所危害，天下百姓都乐于推举他而不会感到厌烦。

"是以欲上民，必以言下之；欲先民，必以身后之。是以圣人处上而民不重，处前而民不害，是以天下乐推而不厌。"

君主在关注民生、关爱百姓的事情上要不遗余力，以百姓利益为中心，以百姓之心为心，"圣人无常心，以百姓心为心"。另外，君主应该遵循天地自然之道，君主之心跟随天地自然本性，做到既无我又无分别，以无我无分别之心为心，"天地不仁，以万物为刍狗，圣人不仁，以百姓为刍狗"。同时，君主对待百姓要一视同仁，"善者，吾善之；不善者，吾亦善之，德善。信者，吾信之；不信者，吾亦信之，德信"。如此，百姓才能得到感化，人人归于善良，人人归于诚信。

君主既然以百姓之心为心，那么，就要做到处处为百姓着想。看到百姓遭受饥荒，就要知道可能是赋税太多所致；看到百姓难于管治，就要知道可能是政令繁苛、刻意有为所致；看到百姓轻生舍命冒死，就要知道可能是搜刮民脂民膏所致。百姓生活艰难，相形之下权贵生活糜烂，百姓的未来毫无希望可言，轻生求死又算得了什么呢。"民之饥，以其上食税之多，是以饥。民之难治，以其上之有为，是以难治。民之轻死，以其上求生之厚，是以轻死。"

所以，君主要善于观察社会现象，看到农田荒芜，粮仓空虚，百姓饥饿，权贵之人反而肆无忌惮侵吞财物，锦衣华服，花天酒地，出入佩带利剑，就要知道，这些都是盗贼所为，不符合天道。"朝甚除，田甚芜，仓甚虚。服文采，带利剑，厌饮食，财货有余，是谓盗夸。非道也哉！"

要成为称职的君主不容易。怎样才是一个称职的君主？怎样又是一个不合格的君主？这个要站在百姓的角度来给出答案。如果君主的存在没有干涉、影响到百姓的日常生活与工作，百姓仅仅知道他的存在，"下知有之"，这是最上乘的君主；如果君主的威望影响到百姓的日常生活与工作，百姓受惠于君主的恩惠，要主动亲近君主，赞誉君主，这样的君主就略逊一等；如果百姓畏惧他的政令，畏惧他的为人，那就属于再差一点的君主；如果百姓轻视他，藐视他，那么，他就属于最差的君主。君主最忌讳出尔反尔，失去了信誉，百姓就不会相信他，事情就不好办了，国家管理就麻烦大了。"太上，下知有之。其次，亲而誉之。其次，畏之。其次，侮之。信不足，焉有不信焉。"

可以这么说，君主在奉行"无为"治国思想的实践过程中并非一帆风顺，而是荆棘满途。有很多看似简单的事情，里面暗含着复杂的元素。圣人要善于观察，从一些表面现象中看到问题的核心，不断提升看穿事物本质的能力，提升自我觉察和观察能力，把不畅顺的管治局面一步一步扭转过来。

例如，"仁义"是世人公认的好品德，而好品德的出现是有背景衬托的，这个背景就是"无为"思想缺失，大道被社会抛弃。大家都本着以自己为中心的心态，拼命追逐个人利益和欲望，这个时候，讲"仁"讲"义"必然成为一种社会风气。另外，谋略智慧的出现也是有背景衬托的，"无为"思想全凭身体本能和随顺自然，不需要脑力思考。相反，自私自我习性最喜欢讲求谋略智慧，谋略智慧越活跃，利己自我的私心就越泛滥。所以，谋略智慧的出现必然伴随着伪诈的出现。同样的道理，忠臣的出现同样也是有背景衬托的，只有在奸臣大行其道的时候，才会出现忠臣。忠臣的出现意味着奸臣异常活跃，预示着国家或许已经陷于混乱之中。作为圣人，要懂得通过观察事物的表面现象，看到问题的本质，这样，才不会被各种各样的表面现象所迷惑。

"大道废，有仁义；慧智出，有大伪；

六亲不和，有孝慈；国家昏乱，有忠臣。"

作为君主，要以身作则遵循自然之道，效法自然本性，将"无为"思想落实到百姓层面和社会层面之上。"无为"的特质就是无我无分别，"不尚贤，使民不争；不贵难得之货，使民不为盗；不见可欲，使民心不乱"。圣人无为，上行下效，社会风气自然就会和谐融洽。舍弃智巧仁义分别心，就是"绝圣弃智""绝仁弃义"；舍弃利益分别心，就是"绝巧弃利"；舍弃欲望分别心，就是"见素抱朴，少私寡欲，绝学无忧"。

"绝圣弃智，民利百倍；绝仁弃义，民复孝慈；绝巧弃利，盗贼无有。此三者，以为文不足，故令有所属，见素抱朴，少私寡欲，绝学无忧。"

在处理国家军事冲突的重大事情上，君主同样要处处为百姓着想，"以百姓之心为心"。因为军队征战所到过的地方，百姓房屋破败，田地荆棘丛生。尤其是双方交战之后，一定会出现饥荒之年，受苦受害的最终还是老百姓。所以，那些以自然之道思想辅助君主的幕僚，记得千万不要鼓吹和怂恿圣人穷兵黩武，"兵者，不祥之器"，一旦用兵，即是不祥之兆。另外，军事冲突之后双方寻求谈判，好像和解了大的怨恨，好像一切都归于平静，但事实上并非如此。"和大怨，必有余怨"，没有化解的怨恨依然会成为下一次冲突的导火线。"以道佐人主者，不以兵强天下。其事好还。师之所处，荆棘生焉。大军之后，必有凶年"。

双方有了冲突，实在逼于无奈，而要选择用兵力解决问题，君主也要处处为士兵着想，因为，士兵来源于百姓，为士兵着想

老子的智慧

就是为百姓着想。行军打仗之时，要谨慎为上，"重为轻根，静为躁君"，"轻则失本，躁则失君"；不要轻敌，不要轻举妄动，"祸莫大于轻敌，轻敌几丧吾宝"；同时，尽量避免与对方正面交锋，因为正面交锋会造成士兵死伤无数，要静观其变，避敌锋芒，甚至以退为进，"吾不敢为主，而为客；不敢进寸，而退尺"；运筹帷幄，方能决胜千里之外。"善为士者不武，善战者不怒，善胜敌者不与"，不战而屈人之兵，这才是王者之道。用兵贵奇，出其不意，攻其不备，"以奇用兵"，可以让我方人员损失减少至最低。

双方正式交火，死伤必然惨重。胜者为王，败者为寇，谨记胜败乃兵家常事，胜者不要洋洋得意，不要骄傲狂妄，因为，胜利是以牺牲士兵生命为代价的。与此同时，君主要心怀慈悲，即使打了胜仗归来也要低调处理，"战胜以丧礼处之"，千万不要大肆庆功，铺张浪费。总之，"物壮则老"，物极必反，盛极必衰，"故物或损之而益，或益之而损"，圣人留有余地，方能长治久安。

面对粮仓空虚，百姓饥荒，权贵飞扬跋扈，生活糜烂，同时，军事冲突不断，朝政一片混乱，现状堪忧，怎么办才好？合抱的大树，生长于细小的萌芽；九层的高台，筑起于一堆一堆泥土；千里的远行，是从脚下每一步积累而来。圣人要知道，国家治理过程中的种种问题与困局并非一日形成，都是长期管治不善所导致的。"合抱之木，生于毫末；九层之台，起于累土；千里之行，始于足下。" 事情在细微之时，在脆弱之时，解决问题的难度都不大，事情还不算太糟糕的时候，还有起死回生的可能。"其安易持，其未兆易谋，其脆易泮，其微易散"。所以，君主要时常警醒，及早觉察问题所在，"为之于未有，治之于未乱"，将祸患消灭在萌芽阶段，将混乱的局面一步一步扭转过来，这是君主的职责所在。

在国与国之间的外交上，要保持谦下的处事原则，要奉行以和为贵的思想。如果是大国之君，就要以谦下的态度对待小国，这样就可以取得小国的信任和支持；如果是小国之君，同样要以谦下的态度对待大国，这样才可以获得大国的保护。大国所求的不过是得到团结和兼容，小国所求的不过是得到庇护和支持。大国小国，各得其所，尤其是大国，更应该甘于处下和谦下。"大国者下流。天下之交，天下之牝"。"故大国以下小国，则取小国；小国以下大国，则取大国。故或下以取，或下而取。大国不过欲兼畜人，小国不过欲入事人，夫两者各得其所欲，大者宜为下"。

"圣人终日行不离辎重"。粮食物资是国家的根本，治理国家，离不开粮食物资，更离不开节俭的思想。不要低估节俭的美德，它的作用和力量非常强大，节俭可以兴邦，节俭是立国之本，节俭是国家根深蒂固、长治久安的基石。"治人事天莫若啬。夫唯啬，是谓早服，早服谓之重积德，重积德则无不克，无不克则莫知其极，莫知其极，可以有国。有国之母，可以长久。是谓深根固柢，长生久视之道"。节俭就是遵循自然之道，节俭就是"重积德"，与之相比，浪费就是最大的可耻，浪费动摇了治国的根基，君主一定要心中有数，不能掉以轻心。

君主作为朝廷的统帅，要身体力行，做好表率，遵循自然之道，"希言自然""虽有荣观，燕处超然"；同时，要减少对百姓的干预，减少各种苛捐杂税，少发号施令。不去剥夺百姓的财富，提倡节俭思想，不去建造亭台楼阁，不去花天酒地，减少各种欲望。"以百姓心为心"，让百姓充分发挥自己的主观能动性，让社会回归到自然而然的次序之中。

"其政闷闷，其民淳淳；其政察察，其民缺缺"，道的运用深奥而微妙，朝政看起来明察秋毫、红红火火，结果百姓的生活却是水深火热；朝政看起来平淡无奇，结果民风淳朴自然、百姓生活优游。

作为君主，日常要三省其身，"为学日益，为道日损。损之又损，以至于无为，无为而无不为"，时常约束自己的日常行为，时常减损自己的非分之想，遵循自然之道，顺应事物的变化规律，顺应事物的自然本性，最终到达"无为"的境界。"我无为而民自化，我好静而民自正，我无事而民自富，我无欲而民自朴"。

顺应天地自然之道，顺应事物的变化发展规律，顺应事物的自然本性，这就是"无为"。"无为"看似复杂，其实也挺简单，就像烹饪小鱼一样，掌握烹饪方法，不乱搅动，因为多搅动，小鱼易烂，甚至一团糟；治理大国同样如此，"治大国若烹小鲜"，治国也要顺应天地之道，顺应自然规律，顺应自然本性，不随意扰民，不乱折腾，不发布过多政令，合理布局，无为而治。

君主治理国家之路并非坦途，只要自始至终持有"以百姓心为心"的宗旨，秉承自然之道思想治理国家，"以无事取天下"，朝着"无为而治"的方向不断努力，那就是一个真正的好君主！最终，"以至于无为，无为而无不为"，轻轻松松带领国家回归自然次序，社会风气和谐融洽，国家昌盛繁荣。

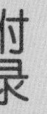

附录

（魏）王弼注《道德经》

【第一章】

　　道可道，非常道；名可名，非常名。无名天地之始，有名万物之母。故常无欲，以观其妙；常有欲，以观其徼。此两者同出而异名，同谓之玄，玄之又玄，众妙之门。

【第二章】

　　天下皆知美之为美，斯恶已；皆知善之为善，斯不善已。故有无相生，难易相成，长短相较，高下相倾，音声相和，前后相随。是以圣人处无为之事，行不言之教，万物作焉而不辞，生而不有，为而不恃，功成而弗居。夫唯弗居，是以不去。

【第三章】

　　不尚贤，使民不争；不贵难得之货，使民不为盗；不见可欲，使民心不乱。是以圣人之治，虚其心，实其腹；弱其志，强其骨，常使民无知无欲，使夫智者不敢为也。为无为，则无不治。

【第四章】

　　道冲而用之或不盈，渊兮似万物之宗。挫其锐，解其纷，和其光，同其尘。湛兮似或存，吾不知谁之子，象帝之先。

【第五章】

天地不仁，以万物为刍狗；圣人不仁，以百姓为刍狗。天地之间，其犹橐籥乎？虚而不屈，动而愈出。多言数穷，不如守中。

【第六章】

谷神不死，是谓玄牝，玄牝之门，是谓天地根。绵绵若存，用之不勤。

【第七章】

天长地久。天地所以能长且久者，以其不自生，故能长生。是以圣人后其身而身先，外其身而身存。非以其无私邪？故能成其私。

【第八章】

上善若水。水善利万物而不争，处众人之所恶，故几于道。居善地，心善渊，与善仁，言善信，政善治，事善能，动善时。夫唯不争，故无尤。

【第九章】

持而盈之，不如其已。揣而锐之，不可长保。金玉满堂，莫之能守。富贵而骄，自遗其咎。功遂身退，天之道。

【第十章】

载营魄抱一，能无离乎？专气致柔，能婴儿乎？涤除玄览，能无疵乎？爱民治国，能无知乎？天门开阖，能无雌乎？明白四达，能无为乎？生之、蓄之，生而不有，为而不恃，长而不宰，是谓玄德。

【第十一章】

三十辐共一毂，当其无，有车之用。埏埴以为器，当其无，有器之用。凿户牖以为室，当其无，有室之用。故有之以为利，无之以为用。

【第十二章】

五色令人目盲，五音令人耳聋，五味令人口爽，驰骋畋猎，令人心发狂，难得之货，令人行妨。是以圣人为腹不为目，故去彼取此。

【第十三章】

宠辱若惊，贵大患若身。何谓宠辱若惊？宠为下，得之若惊，失之若惊，是谓宠辱若惊。何谓贵大患若身？吾所以有大患者，为吾有身，及吾无身，吾有何患！故贵以身为天下，若可寄天下；爱以身为天下，若可托天下。

【第十四章】

视之不见名曰夷，听之不闻名曰希，搏之不得名曰微。

此三者不可致诘，故混而为一。其上不曒，其下不昧，绳绳不可名，复归于无物，是谓无状之状、无物之象。是谓惚恍。迎之不见其首，随之不见其后。执古之道，以御今之有。能知古始，是谓道纪。

【第十五章】

古之善为士者，微妙玄通，深不可识。夫唯不可识，故强为之容。豫焉若冬涉川，犹兮若畏四邻，俨兮其若容，涣兮若冰之将释，敦兮其若朴，旷兮其若谷，混兮其若浊。孰能浊以静之徐清？孰能安以久动之徐生？保此道者不欲盈。夫唯不盈，故能蔽不新成。

【第十六章】

致虚极，守静笃，万物并作，吾以观复。夫物芸芸，各复归其根。归根曰静，是谓复命。复命曰常，知常曰明。不知常，妄作，凶。知常容，容乃公，公乃王，王乃天，天乃道，道乃久。没身不殆。

【第十七章】

太上，下知有之。其次，亲而誉之。其次，畏之。其次，侮之。信不足，焉有不信焉。悠兮其贵言。功成事遂，百姓皆谓我自然。

【第十八章】

大道废，有仁义；慧智出，有大伪；六亲不和，有孝慈；国家昏乱，有忠臣。

【第十九章】

绝圣弃智，民利百倍；绝仁弃义，民复孝慈；绝巧弃利，盗贼无有。此三者，以为文不足，故令有所属，见素抱朴，少私寡欲。

【第二十章】

绝学无忧，唯之与阿，相去几何？善之与恶，相去若何？人之所畏，不可不畏。荒兮其未央哉！众人熙熙，如享太牢，如春登台。我独泊兮其未兆，如婴儿之未孩。累累兮若无所归。众人皆有余，而我独若遗。我愚人之心也哉！沌沌兮！俗人昭昭，我独昏昏；俗人察察，我独闷闷。淡兮其若海，飂兮若无止。众人皆有以，而我独顽似鄙。我独异于人，而贵食母。

【第二十一章】

孔德之容，惟道是从。道之为物，惟恍惟惚。惚兮恍兮，其中有象；恍兮惚兮，其中有物。窈兮冥兮，其中有精；其精甚真，其中有信。自古及今，其名不去，以阅众甫。吾何以知众甫之状哉？以此。

【第二十二章】

曲则全，枉则直，洼则盈，敝则新，少则得，多则惑。是以圣人抱一，为天下式。不自见故明，不自是故彰，不自伐故有功，不自矜故长。夫唯不争，故天下莫能与之争。古之所谓曲则全者，岂虚言哉！诚全而归之。

【第二十三章】

希言自然。故飘风不终朝，骤雨不终日。孰为此者？天地。天地尚不能久，而况于人乎？故从事于道者，道者同于道，德者同于德，失者同于失。同于道者，道亦乐得之；同于德者，德亦乐得之；同于失者，失亦乐得之。信不足，焉有不信焉。

【第二十四章】

企者不立，跨者不行，自见者不明，自是者不彰，自伐者无功，自矜者不长。其在道也，曰余食赘行。物或恶之，故有道者不处。

【第二十五章】

有物混成，先天地生，寂兮寥兮，独立不改，周行而不殆，可以为天地母。吾不知其名，字之曰道，强为之名曰大。大曰逝，逝曰远，远曰反。故道大，天大，地大，王亦大。域中有四大，而王居其一焉。人法地，地法天，天法道，道法自然。

【第二十六章】

重为轻根，静为躁君，是以圣人终日行不离辎重。虽有荣观，燕处超然，奈何万乘之主，而以身轻天下？轻则失本，躁则失君。

【第二十七章】

善行无辙迹，善言无瑕谪，善数不用筹策，善闭无关楗而不可开，善结无绳约而不可解。是以圣人常善救人，故无弃人；常善救物，故无弃物，是谓袭明。故善人者，不善人之师；不善人者，善人之资。不贵其师，不爱其资，虽智大迷，是谓要妙。

【第二十八章】

知其雄，守其雌，为天下谿。为天下谿，常德不离，复归于婴儿。知其白，守其黑，为天下式。为天下式，常德不忒，复归于无极。知其荣，守其辱，为天下谷。为天下谷，常德乃足，复归于朴。朴散则为器，圣人用之则为官长。故大制不割。

【第二十九章】

将欲取天下而为之，吾见其不得已。天下神器，不可为也。为者败之，执者失之。故物或行或随，或嘘或吹，或强或羸，或挫或隳。是以圣人去甚，去奢，去泰。

【第三十章】

　　以道佐人主者，不以兵强天下，其事好还。师之所处，荆棘生焉。大军之后，必有凶年。善有果而已，不敢以取强。果而勿矜，果而勿伐，果而勿骄，果而不得已，果而勿强。物壮则老，是谓不道，不道早已。

【第三十一章】

　　夫唯兵者，不祥之器。物或恶之，故有道者不处。君子居则贵左，用兵则贵右。兵者，不祥之器，非君子之器。不得已而用之，恬淡为上，胜而不美。而美之者，是乐杀人。夫乐杀人者，则不可以得志于天下矣。吉事尚左，凶事尚右。偏将军居左，上将军居右，言以丧礼处之。杀人之众，以哀悲泣之。战胜以丧礼处之。

【第三十二章】

　　道常无名，朴虽小，天下莫能臣也。侯王若能守之，万物将自宾。天地相合，以降甘露，民莫之令而自均。始制有名，名亦既有，夫亦将知止。知止可以不殆。譬道之在天下，犹川谷之于江海。

【第三十三章】

　　知人者智，自知者明。胜人者有力，自胜者强。知足者富，强行者有志，不失其所者久，死而不亡者寿。

【第三十四章】

大道泛兮，其可左右。万物恃之而生而不辞，功成不名有，衣养万物而不为主。常无欲，可名于小；万物归焉而不为主，可名为大。以其终不自为大，故能成其大。

【第三十五章】

执大象，天下往；往而不害，安平太。乐与饵，过客止。道之出口，淡乎其无味，视之不足见，听之不足闻，用之不足既。

【第三十六章】

将欲歙之，必固张之；将欲弱之，必固强之；将欲废之，必固兴之；将欲夺之，必固与之，是谓微明。柔弱胜刚强。鱼不可脱于渊，国之利器不可以示人。

【第三十七章】

道常无为而无不为，侯王若能守之，万物将自化。化而欲作，吾将镇之以无名之朴。无名之朴，夫亦将无欲。不欲以静，天下将自定。

【第三十八章】

上德不德，是以有德；下德不失德，是以无德。上德无为而无以为，下德为之而有以为。上仁为之而无以为，上义为之而有以为，上礼为之而莫之应，则攘臂而扔之。故失道而后德，失德而后仁，失仁而后义，失义而后礼。夫礼者，忠信之薄而乱之首。前识者，道之华而愚之始。是以大丈夫处其厚，不居其薄；处其实，不居其华。故去彼取此。

【第三十九章】

昔之得一者，天得一以清，地得一以宁，神得一以灵，谷得一以盈，万物得一以生，侯王得一以为天下贞。其致之。天无以清将恐裂，地无以宁将恐发，神无以灵将恐歇，谷无以盈将恐竭，万物无以生将恐灭，侯王无以贵高将恐蹶。故贵以贱为本，高以下为基。是以侯王自谓孤寡不谷。此非以贱为本邪？非乎？故致数舆无舆。不欲琭琭如玉、珞珞如石。

【第四十章】

反者，道之动；弱者，道之用。天下万物生于有，有生于无。

【第四十一章】

上士闻道，勤而行之；中士闻道，若存若亡；下士闻道，大笑之，不笑不足以为道。故建言有之：明道若昧，进道若退，夷道若纇；上德若谷，大白若辱，广德若不足，建德若偷，质真若渝。大方无隅，大器晚成，大音希声，大象无形。道隐无名，夫唯道，善贷且成。

【第四十二章】

道生一，一生二，二生三，三生万物。万物负阴而抱阳，冲气以为和。人之所恶，唯孤寡不谷，而王公以为称。故物，或损之而益，或益之而损。人之所教，我亦教之。强梁者不得其死，吾将以为教父。

【第四十三章】

天下之至柔，驰骋天下之至坚，无有入无间，吾是以知无为之有益。不言之教，无为之益，天下希及之。

【第四十四章】

名与身孰亲？身与货孰多？得与亡孰病？是故甚爱必大费，多藏必厚亡。知足不辱，知止不殆，可以长久。

【第四十五章】

大成若缺，其用不弊；大盈若冲，其用不穷。大直若屈，大巧若拙，大辩若讷。躁胜寒，静胜热，清静为天下正。

【第四十六章】

天下有道，却走马以粪；天下无道，戎马生于郊。祸莫大于不知足，咎莫大于欲得，故知足之足，常足矣。

【第四十七章】

不出户，知天下；不窥牖，见天道。其出弥远，其知弥少。

是以圣人不行而知，不见而名，不为而成。

【第四十八章】

为学日益，为道日损。损之又损，以至于无为，无为而无不为。取天下常以无事，及其有事，不足以取天下。

【第四十九章】

圣人无常心，以百姓心为心。善者，吾善之；不善者，吾亦善之，德善。信者，吾信之；不信者，吾亦信之，德信。圣人在天下，歙歙为天下浑其心。圣人皆孩之。

【第五十章】

出生入死。生之徒十有三，死之徒十有三。人之生，动之死地，亦十有三。夫何故？以其生生之厚。盖闻善摄生者，陆行不遇兕虎，入军不被甲兵，兕无所投其角，虎无所措其爪，兵无所容其刃。夫何故？以其无死地。

【第五十一章】

道生之，德畜之，物形之，势成之。是以万物莫不尊道而贵德。道之尊，德之贵，夫莫之命而常自然。故道生之，德畜之：长之育之，亭之毒之，养之覆之。生而不有，为而不恃，长而不宰，是谓玄德。

【第五十二章】

天下有始，以为天下母。既得其母，以知其子；既知其子，复守其母，没身不殆。塞其兑，闭其门，终身不勤。开其兑，济其事，终身不救。见小曰明，守柔曰强。用其光，复归其明，无遗身殃，是为习常。

【第五十三章】

使我介然有知，行于大道，唯施是畏。大道甚夷，而民好径。朝甚除，田甚芜，仓甚虚。服文采，带利剑，厌饮食，财货有余，是谓盗夸。非道也哉！

【第五十四章】

善建者不拔，善抱者不脱，子孙以祭祀不辍。修之于身，其德乃真；修之于家，其德乃余；修之于乡，其德乃长；修之于国，其德乃丰；修之于天下，其德乃普。故以身观身，以家观家，以乡观乡，以国观国，以天下观天下。吾何以知天下然哉？以此。

【第五十五章】

含德之厚，比于赤子。蜂虿虺蛇不螫，猛兽不据，攫鸟不搏。骨弱筋柔而握固，未知牝牡之合而全作，精之至也。终日号而不嗄，和之至也。知和曰常，知常曰明，益生曰祥，心使气曰强。物壮则老，谓之不道，不道早已。

【第五十六章】

　　知者不言，言者不知。塞其兑，闭其门，挫其锐；解其纷，和其光，同其尘，是谓玄同。故不可得而亲，不可得而疏；不可得而利，不可得而害；不可得而贵，不可得而贱，故为天下贵。

【第五十七章】

　　以正治国，以奇用兵，以无事取天下。吾何以知其然哉？以此。天下多忌讳，而民弥贫；民多利器，国家滋昏；人多伎巧，奇物滋起；法令滋彰，盗贼多有。故圣人云，我无为而民自化，我好静而民自正，我无事而民自富，我无欲而民自朴。

【第五十八章】

　　其政闷闷，其民淳淳；其政察察，其民缺缺。祸兮福之所倚，福兮祸之所伏。孰知其极？其无正？正复为奇，善复为妖，人之迷，其日固久。是以圣人方而不割，廉而不刿，直而不肆，光而不耀。

【第五十九章】

　　治人事天莫若啬。夫唯啬，是谓早服，早服谓之重积德，重积德则无不克，无不克则莫知其极，莫知其极，可以有国。有国之母，可以长久。是谓深根固柢，长生久视之道。

【第六十章】

治大国若烹小鲜。以道莅天下，其鬼不神。非其鬼不神，其神不伤人；非其神不伤人，圣人亦不伤人。夫两不相伤，故德交归焉。

【第六十一章】

大国者下流。天下之交，天下之牝。牝常以静胜牡，以静为下。故大国以下小国，则取小国；小国以下大国，则取大国。故或下以取，或下而取。大国不过欲兼畜人，小国不过欲入事人，夫两者各得其所欲，大者宜为下。

【第六十二章】

道者万物之奥，善人之宝，不善人之所保。美言可以市，尊行可以加人。人之不善，何弃之有！故立天子，置三公，虽有拱璧以先驷马，不如坐进此道。古之所以贵此道者何？不曰以求得，有罪以免邪？故为天下贵。

【第六十三章】

为无为，事无事，味无味。大小多少，报怨以德。图难于其易，为大于其细。天下难事，必作于易；天下大事，必作于细。是以圣人终不为大，故能成其大。夫轻诺必寡信，多易必多难，是以圣人犹难之。故终无难矣。

【第六十四章】

其安易持，其未兆易谋，其脆易泮，其微易散。为之于未有，治之于未乱。合抱之木，生于毫末；九层之台，起于累土；千里之行，始于足下。为者败之，执者失之。是以圣人无为，故无败；无执，故无失。民之从事，常于几成而败之。慎终如始，则无败事。是以圣人欲不欲，不贵难得之货。学不学，复众人之所过。以辅万物之自然，而不敢为。

【第六十五章】

古之善为道者，非以明民，将以愚之。民之难治，以其智多。故以智治国，国之贼；不以智治国，国之福。知此两者，亦稽式。常知稽式，是谓玄德。玄德深矣，远矣，与物反矣，然后乃至大顺。

【第六十六章】

江海所以能为百谷王者，以其善下之，故能为百谷王。是以欲上民，必以言下之；欲先民，必以身后之。是以圣人处上而民不重，处前而民不害，是以天下乐推而不厌。以其不争，故天下莫能与之争。

【第六十七章】

天下皆谓我道大，似不肖。夫唯大，故似不肖。若肖久矣，其细也夫。我有三宝，持而保之。一曰慈，二曰俭，三曰不敢为天下先。慈，故能勇；俭，故能广；不敢为天下先，故能成器长。今舍慈且勇，舍俭且广，舍后且先，死矣！夫慈，以战则胜，以守则固，天将救之，以慈卫之。

【第六十八章】

善为士者不武，善战者不怒，善胜敌者不与，善用人者为之下。是谓不争之德，是谓用人之力，是谓配天古之极。

【第六十九章】

用兵有言，吾不敢为主而为客，不敢进寸而退尺。是谓行无行，攘无臂，扔无敌，执无兵。祸莫大于轻敌，轻敌几丧吾宝。故抗兵相加，哀者胜矣。

【第七十章】

吾言甚易知，甚易行，天下莫能知，莫能行。言有宗，事有君。夫唯无知，是以不我知。知我者希，则我者贵。是以圣人被褐怀玉。

【第七十一章】

知不知，上；不知知，病。夫唯病病，是以不病。圣人不病，以其病病，是以不病。

【第七十二章】

民不畏威，则大威至。无狎其所居，无厌其所生。夫唯不厌，是以不厌。是以圣人自知，不自见；自爱，不自贵。

故去彼取此。

【第七十三章】

勇于敢则杀，勇于不敢则活。此两者，或利或害。天之所恶，孰知其故？是以圣人犹难之。天之道，不争而善胜，不言而善应，不召而自来，繟然而善谋。天网恢恢，疏而不失。

【第七十四章】

民不畏死，奈何以死惧之！若使民常畏死而为奇者，吾得执而杀之，孰敢？常有司杀者杀，夫代司杀者杀，是谓代大匠斫。夫代大匠斫者，希有不伤其手矣。

【第七十五章】

民之饥，以其上食税之多，是以饥。民之难治，以其上之有为，是以难治。民之轻死，以其上求生之厚，是以轻死。夫唯无以生为者，是贤于贵生。

【第七十六章】

人之生也柔弱，其死也坚强。万物草木之生也柔脆，其死也枯槁。故坚强者死之徒，柔弱者生之徒。是以兵强则不胜，木强则兵。强大处下，柔弱处上。

【第七十七章】

天之道，其犹张弓与？高者抑之，下者举之；有余者损之，不足者补之。天之道，损有余而补不足。人之道则不然，损不足以奉有余。孰能有余以奉天下？唯有道者。是以圣人为而不恃，功成而不处，其不欲见贤。

【第七十八章】

天下莫柔弱于水，而攻坚强者莫之能胜，以其无以易之。弱之胜强，柔之胜刚，天下莫不知，莫能行。是以圣人云，受国之垢，是谓社稷主；受国不祥，是为天下王。正言若反。

【第七十九章】

和大怨，必有余怨；安可以为善？是以圣人执左契，而不责于人。有德司契，无德司彻。天道无亲，常与善人。

【第八十章】

小国寡民。使有什伯之器而不用，使民重死而不远徙。虽有舟舆，无所乘之；虽有甲兵，无所陈之；使人复结绳而用之。甘其食，美其服，安其居，乐其俗。邻国相望，鸡犬之声相闻，民至老死不相往来。

【第八十一章】

信言不美，美言不信；善者不辩，辩者不善；知者不博，博者不知。圣人不积，既以为人，己愈有；既以与人，己愈多。天之道，利而不害。圣人之道，为而不争。

写在后面的话

写到这里，这本书就算是结尾了。这次历时两年对老子自然之道哲学思想的深入探索与研究，让我有机会再次反复认真阅读《道德经》达两百次之多，除了收获到以上的写作内容，还积累了一些没有发表的素材，积累了一些个人感悟，这些素材和感悟都需要在日后的实践生活中予以检验和完善，等待合适的因缘进行深度加工，然后以新书的形式呈献给读者。在此，再次感谢各位读者的阅读，若有任何意见，请不吝指正，不足之处，多多包涵。

杜志军

老子的智慧